谨以此书献礼

万商天勤律师事务所成立27周年

万商云集

天道酬**勤**

LAW & BUSINESS

法商圖書

公司的故事

从制度起源到中国实践

郭磊明——著

General company law

法律出版社 | LAW PRESS
北京

图书在版编目(CIP)数据

公司的故事：从制度起源到中国实践 / 郭磊明著
. -- 北京：法律出版社，2024
ISBN 978 - 7 - 5197 - 8187 - 3

Ⅰ. ①公… Ⅱ. ①郭… Ⅲ. ①公司法 - 中国 - 学习参考资料 Ⅳ. ①D922.291.914

中国国家版本馆 CIP 数据核字(2023)第 150638 号

公司的故事:从制度起源到中国实践
GONGSI DE GUSHI:CONG ZHIDU QIYUAN DAO ZHONGGUO SHIJIAN

郭磊明 著

责任编辑 薛 晗 王 斓
装帧设计 汪奇峰

出版发行 法律出版社
编辑统筹 法商出版分社
责任校对 王 丰 郭艳萍
责任印制 胡晓雅
经 销 新华书店

开本 710 毫米×1000 毫米 1/16
印张 13.75 **字数** 210 千
版本 2024 年 1 月第 1 版
印次 2024 年 1 月第 1 次印刷
印刷 天津嘉恒印务有限公司

地址:北京市丰台区莲花池西里 7 号(100073)
网址:www. lawpress. com. cn
投稿邮箱:info@ lawpress. com. cn
举报盗版邮箱:jbwq@ lawpress. com. cn

销售电话:010 - 83938349
客服电话:010 - 83938350
咨询电话:010 - 63939796

书号:ISBN 978 - 7 - 5197 - 8187 - 3
定价:68.00 元
凡购买本社图书,如有印装错误,我社负责退换。电话:010 - 83938349

凭此一叶，尽览文明

（代序）

人类文明的历史犹如大河奔流，曲折回转。本书让我们可以坐在时间的高处，感受一阔千里的浩荡、激流涌动的澎湃、浪花撞击的谐趣和静流渊深的博大。作者选对了视角，凭借“公司”这一叶扁舟，让我们得以览尽人类社会文明进化的过程。

当我们发现黑猩猩用树枝钓取白蚁、用石块砸食坚果的时候，内心不淡定了。据说在生物学上，黑猩猩是与人类亲缘关系最近的物种，基因相似度高达99%。如果说发明和使用工具是实现智人进化的重要原因，那么有朝一日，会不会真的发生“猩球崛起”，使这些人类近亲成为地球的另一个主人，与我们争食“糖果”，甚至也把我们关进他们的动物园里供猩观赏？

事实上，生物意义上的进化除了规律，还有偶然。触发偶然的因素很多，如进化过程中环境导致的进化方向异变等。所以从古猿演进为智人不是一个必然的结果，而是必然规律和偶然因素共同造就的“意外”。这种进化或意外，也同样发生在其他生物上，造就了和谐平衡的生命共同体。

如今，保持“地球生物的多样性”已经成为共识，因为只有物种繁荣，才能使地球生态系统保持平衡，也才能使我们继续繁衍进步，不至于走向自我毁灭。而人类的历史，除了生物进化之外，还有社会文明的进化。从另一个角度讲，社会文明的进化是人类之所以脱离丛林，或最终能够区别于其他动物的根本原因。在人类社会文明的演进过程中，同样会基于进化规律和偶然，产生出不同的演化路径，成就不同类型的文明。这些不同文明之间碰撞交融，最终成就了繁荣有序的文明世界。

如同我们倡导“生物多样性”，我们也应当保护“文明的多样性”。无论是对待生命还是文明，都应当从了解和尊重开始，而后才有彼此支持和借鉴。如果说语言和社交是人类达成组织的起点，那么，基于繁衍欲望，从生殖崇拜开始的信仰、习惯、宗教、道德、规则直至律法，则是人类结为族群、部落乃至国家的黏合剂和框架。现代公司制度正是人类社会堂构相承之法律广厦中的一方支柱。

现代公司法律制度的发展，经历萌发、实践、归纳、设计、规制、颁行、修订和交融，逐渐成为支撑现代商业社会的基石砥柱，成为世界范围内各国法律制度的重要内容，是人类法治文明的共同财富。本书从人类古代法治文明开始讲述，从债的人身责任向财产责任的漫长演变中，发掘现代公司制度的灵魂“有限责任”制度的缘起；从公司出现时“皇权特许”的贸易和经营垄断，推演法定“准则主义”下公司制度的普遍和繁荣；从早期公司的债股合一，到现代公司及证券制度的起源和治理。在述及现代公司制度在中国的引入和发展时，本书作者更是从《聊斋志异》的“欠债还钱，天经地义”和中国近代类似“合伙”制度的钱庄商号说起，将鸦片战争以来商业文明西风东渐的大背景下，中国通过吸收和借鉴，逐步建立现代公司法律制度和体系，并将之运用于产业救国的艰难历程完整呈现。其中，书中述及的清末《公司律》颁行后组建的“川汉铁路公司”及川汉铁路股东发起的“保路运动”，使我们得以从公司制度和私权的角度，重新思考和审视这一引发重大历史变革的事件。

新中国成立之后，中国现代公司制度经历曲折的发展历程。可以说，自1979年《中外合资经营企业法》颁行以来，中国公司制度创立和演变的历史，就是中国改革开放四十多年的历史浓缩；现代公司法律制度的建立、修订和完善过程，就是中国改革开放四十多年来，思想解放、理论突破、法治建立、经济腾飞和与世界融合的历史。今天，我们要特别感谢作者，使我们得以从他的鲜活讲述中，重温这段历史。

本书的讲述贯穿古今、纵横东西；言及之处，繁星点点；随手采撷，俱可品评。因此，本书是难得的触及人类法律文明史的饕餮之作。

最后还想说的是，除作为一名功底深厚的法律学者和出色的律师，本书作者郭磊明先生更是一位充满智慧和幽默的“会讲故事的人”。本书不失专业论著的严谨和深厚，从深入浅出的讲述和活泼有趣的文风中，我们会在阅读这本法律专著的过程中体会到幽默与轻松，这是作者为法律读者贡献的艺术与价值。

张　志
万商天勤律师事务所管委会主任
资深仲裁员
鼎颂商事争议解决支持平台创始人
深圳市律师协会第五届、第六届副会长
2023 年秋

前　　言

本书的作者郭磊明律师是一位在公司法领域有着广泛实践并且进行过深入思考的研究者，是一位既有着鲜活的诉讼、非诉实践经验，又有着深刻的学术理论研究的公司法专家。现在，人们对公司法的研究已经有了很多重量级的成果。其中不乏对国外公司制度浩繁的介绍，也不乏对中国公司法细致深入的解读。然而，中国的公司法律制度，特别是中国公司自身运行之中采用的法律方式，显然有着很多独特的方面。如果我们进行概括，可以说，是在公司领域时代之间的中国之治。

那么，这种中国之治背后有什么道理？在实践中是否行得通？是否构建起了自足的逻辑？是否形成了自主的知识体系？这些问题都有待于我们去进一步反思和研究。然而，在现实中，公司这个精密而复杂的构架如何运行和发展，如何在现有法律机制的引导和促动之下，为社会做出经济、文化、人权等各个方面的贡献，是一个非常现实的议题。郭磊明律师的这本书就是要向我们揭示中国公司法律制度现实的境况及其运作的道理。

郭磊明律师与我认识已经超过30年。1992年的秋天，磊明从河北赞皇到了吉林的长春，我从黑龙江双城到了长春。我们作为吉林大学法学院1992级国际法系的学生，同另外20多名同学，从五湖四海走到了一起。

从我认识磊明开始，他给我的印象就是聪颖、观察思考锐利，对事物的认知清晰、准确，而且不随流俗，勇于批判。这样的性格作用到了他对公司法的研究上，使他虽然饱读公司法领域的著作，但能够顺入顺出，不为烦冗的学说所禁锢，能够保持洞彻本质的眼光，对繁杂的公司治理给出简洁的解读和鞭辟入里的分析。

磊明曾经就这本书的出版和我做过认真的探讨。虽然我对图书出版所知甚少，但是作为一个读者，我还是不揣冒昧（对磊明我从来就很冒昧）地表述了我希望读到什么样的书。磊明非常认真地汲取了我的建议，对本书的思路和表现方式进行了精心的设计，使这本书能够活泼清新地呈现在我们面前。

以前读书的时候，一位作者的观点令我印象深刻：书不能仅仅是写着快乐，还要读着快乐。我相信，磊明的这本书一定会让我们读着快乐。

期待着敬爱的读者能够享受这样一次读书之旅。

何志鹏

吉林大学法学院院长、法学教授、博士生导师

2023 年 10 月 6 日于吉林大学

目　　录

引　言

《圣经》里有这么一个故事：

那时，天下人的口音、言语，都是一样。他们往东边迁移的时候，在示拿地遇见一片平原，就住在那里。他们彼此商量说："来吧！我们要做砖，把砖烧透了。"他们就拿砖当石头，又拿石漆当灰泥。他们说："来吧！我们要建造一座城和一座塔，塔顶通天，为要传扬我们的名，免得我们分散在全地上。"

耶和华降临，要看看世人所建造的城和塔。耶和华说："看呐！他们成为一样的人民，都是一样的言语，如今既做起这事来，以后他们所要做的事，就没有不成就的了。我们下去，在那里变乱他们的口音，使他们的言语彼此不通。"于是，耶和华使他们从那里分散在全地上，他们就停工不造那城了。①

大音希声，大象无形。

耶和华用最简单的手段击中了人类的要害。"通天塔建设发展合作社"因内部无法有效沟通，正式倒闭。合作社成员在没有失业救济、医疗保险等社会保障的情况下，被迫四处流散，辗转到了世界各地。

没有了组织，通天塔停工实属必然。人类能够发展出灿烂的文明，首先是利用了工具，但是如果没有组织，孤立的个人很难有什么大的作为。拿我

---

① 参见《圣经》，中国基督教三自爱国运动委员会、中国基督教协会2009年版，第9页。

们熟悉的工业革命来说，听起来似乎只是技术问题，其实组织和合作能力也同等重要。

在工业革命之前，商业合作在欧洲就已经广泛存在，比如家族企业（Compagnie）[①]、康孟达（Commenda）[②] 和索塞特（Societas）[③]。[④] 随着工业革命的进行，人类的组织和合作能力在近现代也发展成熟，反映在经济生活上，就是出现了陌生人之间可以合作无间的现代公司制度。

时至今日，公司已经渗透进我们日常生活的方方面面。商场是公司开的，餐厅是公司办的，房子由房地产公司开发，燃气由燃气公司输送。有一些听起来不像公司的，很多也是公司。工商银行，全称是中国工商银行股份有限公司。中铁广州局，全称是中国铁路广州局集团有限公司。国家电网，名字言简意赅，即国家电网有限公司。

2020 年，中国香港联交所首次公开募股（IPO）集资额达 4200 亿港元，位居全球第二，它也是家公司，全名叫香港联合交易所有限公司。香港联交所的唯一股东是香港交易及结算所有限公司，旗下还有期货和结算等业务。香港交易及结算所有限公司 2000 年在自家的香港联交所上市，成为该交易所主要的蓝筹股之一，也算是肥水不流外人田。

公司的影响如此深入人心，早些年常用称呼“单位”，逐渐让位给了“公司”。我是律师，在律师事务所执业。我经常告诉别人“我在公司”。律师事务所当然不是公司，但是大家都知道我的意思。

哥伦比亚大学前校长尼古拉斯·巴特勒说：“现代社会最伟大的发明就是有限责任公司，即使蒸汽机和电气的发明也略逊一筹。”

从时间上看，公司的诞生恰恰与英国工业革命同步，公司制度的发明，极大地推动了人类社会的经济发展。例如，铁路和运河的修建，都需要大量资金，而公司就成为筹集资金最有效的方式。马克思曾做过形象的比喻：

① 由家族成员共同合伙经营的家族经营团体。

② 公司主要源头，详见下文。

③ 索塞特是合伙性质，所有合伙人皆就合伙债务负无限责任，是无限公司的前身。

④ 参见王建文：《公司形态的发展路径——历史线索与发展规律的探求》，载《南京大学法学评论》2005 年第 2 期。

假如必须等待积累以使某些单个资本增长到能够修建铁路的程度，那么恐怕直到今天世界上还没有铁路。但是，通过股份公司转瞬之间就把这件事完成了。

所谓“公司”

马克思不愧是伟大的思想家，一下子抓住了“资本”这个公司制度的核心。接下来，我们就从公司的产生开始，以资本制度为核心，看一看公司制度是如何产生，以及如何演化的。

希望你享受这一段旅程。

第一章　公司的诞生

一、从人身责任到财产责任

有限责任

人有自己的姓名，公司则有自己的名称，而且每一家公司名称都独一无二，和其他公司以示区别。

公司的名称一般由区域、商号、行业、公司类型四个部分组成，比如“上海招商局物业管理有限公司”，“上海”是所在的区域，“招商局”是商号，“物业管理”是行业，“有限公司”是公司类型。为了宣传效应，公司名字也可以起得俏皮一些，比如“霍尔果斯先挣他一个亿文化传媒有限公司”。经批准，公司名称中可以不加区域或行业，比如“万科企业股份有限公司”。但是，无论公司名称怎么变化，商号和公司类型这两项是必须要有的。

我国公司有两种类型：有限责任公司和股份有限公司。如果公司是有限责任公司，必须在公司名称中标明“有限责任公司”或者“有限公司”字样；如果公司是股份有限公司，必须在公司名称中标明“股份有限公司”或者“股份公司”字样。

把“有限”或者“公司”写在名字里，起的是一种广而告之的作用：公司股东承担的是“有限”责任，和本公司进行交易要注意风险。

在我国，“有限”这两个字原来仅限于公司，其他类型的企业不得使用。2006 年，《合伙企业法》进行了修改，公司之外第一次也有了带“有限”两个字的企业，这就是现在投资界广泛使用的有限合伙。

虽然都是“有限”，有限合伙和公司还是有所区别的，公司的全部股东承担有限责任，有限合伙中只有有限合伙人才承担有限责任，普通合伙人对有限合伙的债务承担的还是无限责任。

文化有限公司

■ 债务奴隶

有限责任是公司制度的基石，19 世纪的时候在欧洲发展成熟，但是它的出现并非一帆风顺。

在人类社会早期，欠债承担的是人身责任。当债务人不履行债务时，债权人可以对其采取强制措施，包括羁押、奴役、出售甚至杀死。

在古希腊的主要城邦国雅典，如果借债到期没有还上，债权人有权在债务人的土地上立起债务石碑，债务人收入的 5/6 交给债权人，自己只能保留 1/6。这些债务人，史称“六一汉”。如果还是还不起利息，六一汉们的末日就到了，债权人有权把六一汉及其妻子、儿女统统变卖为奴。

随着时间推移，穷人越来越穷，富人越来越富。到了公元前 6 世纪的时候，债务的油锅越来越热，一滴水掉进去都可能引发一场致命的灾难。这时候，重压之下的贵族们不得不正视社会中存在的不平等现象，他们选择梭伦为执政官，开始进行改革。

公元前594年，梭伦颁布了《解负令》，宣布废除所有债务，并禁止以人身为担保的借贷，永远废除了债务奴隶制。所有因债务卖身为奴的人被释放，被抵掉的土地也物归原主。因欠债被卖到外邦的公民，由雅典拨款赎回。①

梭伦一系列大刀阔斧的改革，使债务奴隶制度被废除，雅典也开始了长达200年的繁荣。

■ 债务人拘押

光荣属于希腊，伟大属于罗马。

古罗马发展出欧洲第一个系统而完备的法律体系，对近现代法律制度有很大的贡献。发生在14—16世纪的文艺复兴，其实是文艺复兴（Renaissance）、宗教改革（Religion Reform）和罗马法复兴（Rivival of Roman Law）的总称，它们都以“R”开头，也被称为“3R现象”。

关于罗马法的影响，19世纪德国法学家耶林的说法广为流传：罗马帝国曾经三次征服世界，第一次以武力，第二次以宗教，第三次以法律。唯有法律征服世界是最为持久的征服。

在早期的罗马法中，债务也是用人身担保的。

公元前5世纪中期，古罗马制定了最早的成文法，成文法一共有十二个表，这就是大名鼎鼎的《十二表法》。《十二表法》被铸成铜表，公布在罗马广场，所以也称《十二铜表法》。

根据《十二表法》的规定，债务人不还债务的，债权人可以拘捕债务人，押到长官面前申请执行。如果债务人仍不清偿，又没有人担保的，债权人可以将债务人拘押。

在拘禁期间，债权人要把债务人在3个连续的集市日“牵”至裁判官面前，当众宣布判定的金额。到了第三个集市日，按照《十二表法》的规定，应将之切成块，块多或块少，都不算诈欺。

---

① 参见何元国：《梭伦改革与雅典的土地所有权》，载《比较法研究》2008年第4期。

现在再看《威尼斯商人》，就容易理解，对于夏洛克要安东尼奥用靠近胸口的一磅肉来还债，为什么“法律许可你，法庭判给你”。

公元前326年，古罗马立法废除了罗马公民内部的人身债务，明确接受惩罚的人均不应受捆缚或监禁，欠款应当用债务人的财产而不是躯体来偿还。①

■ 人身责任的彻底废除

把债务人按照普通奴隶卖掉或者干脆杀死，只是朴素正义观的要求，对债权人而言收益并不高。夏洛克割安东尼奥的一磅肉，目的是报复他之前对自己的侮辱，顺带消灭一个商业上的竞争对手，并不是像他所说，拿来钓鱼也好。

当然，人身责任在历史上长期存在，也有其合理的一面。比如说，在落后的生产条件下，恐怕也只有人身责任的存在，无权无势的债权人才敢大胆放贷，促进社会资金的流通。

随着社会文明的进步和商品经济的发展，人身责任逐渐被废除，但中间经历了漫长的过程。

以雅典和罗马为例，法律上人身债务和废除仅限于公民之间，法律并不保护外邦人，更不要提连人身自由都没有的奴隶。直到16世纪末期，也就是《威尼斯商人》写作的时候，欧洲人的观念中仍有人身责任的残余。

对于投资者来说，如果投资失败自己还可能承担人身责任，无疑是一种沉重的负担。

从1867年到1869年，法国、德国、英国先后废除了为清偿债务而对债务人实行人身拘禁的制度。② 人身责任被彻底废除，财产责任成为现代民法承担责任的主要方式，也为促进投资清除了一个巨大的障碍。

---

① 参见张誉琳、陈晔：《古罗马取消债务奴役制之历史影响和现实意义》，载《济宁师范专科学校学报》2005年第5期。

② 参见杨兴龄：《强制执行法论》，1978年自版发行，第6页。转引自柳经纬：《从“强制取得”到对债的依归——关于民事责任性质的思考》，载《政法论坛》2008年第2期。

二、有限责任萌芽

■ 长赐号搁浅

2021 年 3 月 23 日，埃及苏伊士运河突然来了一阵强风和沙尘暴，然后一艘正在过河的船就搁浅了。按理说，这个地方沙尘暴稀松平常，船只搁浅也没什么大不了的，拖开就是了。这里是运河，有的是工程器械。问题是，这艘船稍微大了点儿，而河道又稍稍窄了点儿。

船的名字叫长赐号，挂巴拿马旗，属日本正荣汽船株式会社所有，是世界上最大的远洋船之一。该船长 400 米，宽 59 米，重 22 万吨，可装载超过 2 万个集装箱。如果这些集装箱首尾相连，从北京南站开始，沿着高铁一字排开，可以一直排到天津。长赐号所在的河道位置宽度只有 210 米。400 米长的长赐号卡在中间，动弹不得，把河道堵了个严严实实。

“努力工作”

市场迅速作出了反应，原油价格应声上涨超过4%。英国劳氏船级社估算，本次堵船事件，给世界贸易造成的损失达到每小时4亿美元。6天后，长赐号终于被解救，但麻烦仍未结束。埃及苏伊士运河管理局认定船长操作不当，扣押了船只，索赔金额高达10亿美元。经过讨价还价，据说最后的赔偿金额大幅降低到2亿美元，长赐号也在被扣押106天后终于恢复自由。[①]

海运借贷

这就是大海，即使在科学技术如此发达的当代，其仍然风险重重。在古代，大海更是波谲云诡，它能带来财富，带来欢乐，带来纸醉金迷、光宗耀祖，也能带来债务，带来悲伤，带来美梦幻灭、客死他乡。

由于海运的特殊性，中世纪的欧洲发展出一种特殊的借款，称为"海运借贷"[②]。根据海运借贷的规则，只有船舶平安归来，借款才需要偿还。一旦船只漏了水、遭了风、被海盗盯上，不管是哪一样，借款多半就打水漂了。

在这种情况下，要借钱出去得先算清楚账。比如说，船回来的概率是75%，那么本金借出去，海运借贷的利息至少要33.33%才能保本。如果船回来的概率是75%，再加上正常利息10%，海运借贷的利息应该是多少呢?

我们来简单算一下，小学数学知识足够了。

假设按次计算10%利息，每借出四次100金币，应当收回本息合计440金币。因为船回来的概率是75%，四次中会有一次确定的全损，所以要在三次借款中收回全部本息。那么，440÷3=146.67，也就是利息为46.67%，恰恰在后文所说的50%左右。

风险如此之大，投资海运，利息自然要高高的才划算。在罗马法时代，借款利息不允许超过10%，但是海上借贷则没有限制，在11、12世纪一般是50%。[③]

---

① 参见廖勤:《"长赐"号即将获释起航》，载《解放日报》2021年7月6日，第8版。另参见百度百科:《长赐号》，载 https://baike.baidu.com/item/长赐号/56452686?fr=aladdin。

② *foenus nauticum*，也有人译为"海上借贷"。

③ 参见［美］哈罗德·J. 伯尔曼:《法律与革命:西方法律传统的形式》，贺卫方等译，中国大百科全书出版社1993年版，第747页。

对于普罗大众来说，风险不见得看得到，高利息可是看见了。海运借贷被当作高利贷受到非难，并最终于1236年遭到教皇格列高利九世的谴责。①

康孟达

面对大众和教会的强大压力，在8—10世纪的时候，欧洲的商人逐渐发展出一种叫作“康孟达”的特殊合伙制度，资金方以投资，而非借贷的方式出资到海运，从而成功地避免了高利贷的恶名。②

康孟达的产生，很可能受到了阿拉伯商人“委托经营”制度的影响。③

根据伊斯兰教教义，借款收取利息是完全禁止的。阿拉伯商人不能收利息，无偿借款给别人也不符合基本的商业原则，于是就发明了委托经营制度。通过委托经营，出资方名义上参与经营，通过取得投资收益的方式收取本息。直到现在，很多伊斯兰银行还是通过这种方式进行运作。④

在康孟达这种特殊的合伙里，合伙人分为两类：一类是普通合伙人，承担无限连带责任，另一类是有限合伙人，以出资为限承担责任。这种安排和现代的有限合伙很像。不过，在现代的有限合伙里，即使是有限合伙人也是要对外披露的，而康孟达的有限合伙人则不对外披露。不对外披露的原因倒也简单，有限合伙人只想收取收益，不想承担因为经营合伙而产生的责任。⑤

简单地说，康孟达的有限合伙人其实就是个出钱的，不参与经营，对外也不说自己是合伙人。这个合伙人有名无实，为了不承担责任，有限合伙人不积极经营，甚至根本不干预经营管理工作，免得将来说不清楚。

无形之中，康孟达又对现代公司的产生做出了一个重要的贡献：资本和经营的分离。在此之前，商业合作以人力联合为主，志同道合的人在一起，

① 参见［美］哈罗德·J. 伯尔曼：《法律与革命：西方法律传统的形式》，贺卫方等译，中国大百科全书出版社1993年版，第747页。

② 参见虞政平：《论股东有限责任——现代公司法律之基石》，中国政法大学2001年博士学位论文，第36—37页。

③ 参见王小波：《〈罗得海商法〉研究》，东北师范大学2010年博士学位论文，第103—107页。

④ 参见田中禾、马小军、张程：《伊斯兰银行业公司治理：理论与实践》，载《国际金融研究》2011年第1期。

⑤ 参见虞政平：《论股东有限责任——现代公司法律之基石》，中国政法大学2001年博士学位论文，第36—37页。

共同开创一个事业。康孟达则实现了人力和资本的联合。它不以合作方之间的亲密关系为条件，也不寻求志同道合。在资本和经营适度分离的情况下，不管是谁，只要有钱，就可以一起进行投资。因为是有限责任，投资人更加后顾无忧。

这种适应时代变化的组织，吸引了很多资金微薄的人士进行投资，连下层教士也参与了进来。①

资金方和经营方都有了用武之地，现代公司制度已然呼之欲出。

三、荷兰东印度公司

罗马不是一天建成的，现代意义上的公司也不是突然出现的。

在公司的发展历史上，有两个叫“东印度”的公司有着重要的意义，堪称现代公司的鼻祖。它们成立时间相差不远，在公司发展史上都产生了巨大的影响。它们就是荷兰东印度公司和英国东印度公司，我们先说荷兰东印度公司。

■ 荷兰东印度公司

东印度，当时指东南亚一带，也就是今天的马来西亚、印度尼西亚等地。这些地方有很多岛屿，盛产香料，由此也被称为“香料群岛”。而香料，正是当时欧洲人最需要的东西。②

荷兰人号称海上马车夫，地理上的距离自然难不倒他们。

到东印度去！到赚钱最容易的地方去！16 世纪末期，荷兰人就开始了往来东印度的贸易活动，据说，每次交易可以获得 300% 的净利润。

在利益面前，竞争不可避免，荷兰人内部也发生了很多冲突。对此，荷

---

① 参见［美］詹姆斯·W. 汤普逊：《中世纪晚期欧洲经济社会史》，徐家玲等译，商务印书馆 2009 年版，第 628 页。

② 胡椒、肉桂、丁香、肉豆蔻等香料产自遥远的东方，可以起到调味和防腐的作用，价格昂贵，具有稀缺性，因此在中世纪的欧洲逐渐成了财富和地位的象征，是不折不扣的奢侈品和硬通货。据说，中世纪的欧洲有句谚语：“他没有胡椒。”该谚语意为此人连胡椒都没有，是个无足轻重的小人物。1492 年，哥伦布受西班牙女王派遣出海，一个重要的目的就是寻找香料。

兰政府出面进行了协调，让他们共同经营东印度的贸易。为了共同的目标，这些早期的公司也愿意在一个公司的名义下经营。1602 年，荷兰东印度公司取得了荷兰议会的特许状，正式宣告成立，享有从好望角以东至麦哲伦海峡之间地区的贸易专利权。①

“招股诱惑”

荷兰东印度公司的组织方式，和同时期其他国家相比是比较先进的。

在当时的航海强国葡萄牙，通行的做法是每次航海先筹集费用，回来后结算。而荷兰东印度公司股东的资产则留在公司中，长期使用，不需要归还，股东们按期分配利润。荷兰东印度公司的这种经营方式可以使陌生人互相合作，互利共赢，公司本身也资金充足，可以进行频繁的远航，带来滚滚收益。②

---

① 参见廖大珂：《试论荷兰东印度公司从商业掠夺机构到殖民地统治机构的演变》，载《南洋问题》1987 年第 4 期。

② 参见曹英：《荷兰东印度公司与荷兰商业霸权的确立》，载《常德师范学院学报（社会科学版）》1999 年第 1 期。

在 17、18 世纪，荷兰东印度公司作为当时最大的跨国公司，在亚洲广泛开展殖民贸易，建立了一个横跨东西半球的庞大贸易体系。它在鼎盛时期，拥有 3 万多名雇员；在近 200 年的时间里，把 100 万人从欧洲送往亚洲。在亚洲，从红海到日本，都有它的贸易踪迹。[①]

荷兰东印度公司还是世界上第一个发行股票的公司。1609 年，荷兰东印度公司设立了世界上第一家证券交易所：阿姆斯特丹证券交易所。第一只上市交易的股票就是荷兰东印度公司自己的股票。

为了增加公司资本，荷兰东印度公司成立后 10 年没有分红，但 1612 年第一次分红股息就高达 57. 5%，1613 年股息也达到了 42. 5%。

荷兰东印度公司逐渐发展得超越了那些在世界史上一直名声显赫的最辉煌的企业。每年都有新的船载货物和新的财富到来，由此而来的收入按照董事会的规定，作为利润予以分配或作为支出予以利用。只要董事们认为合适，股息有时以丁香支付，有时用期票支付，在其他时候则用现金支付。从公司创立之时到 1688 年，股息达到 1482. 5%，而资本价值则增加了 5 倍多。[②]

对于当时的荷兰人来讲，东印度公司就是一座日进斗金的金矿，一个荷兰人只要拥有几股东印度公司的股票，就可以优哉游哉地度过余生。

进入 18 世纪，荷兰东印度公司日子慢慢不好过了。荷兰在第四次英荷战争中被英国彻底打垮，荷兰东印度公司也迎来了自己的末日。1799 年，荷兰东印度公司正式倒闭。

■ 特许主义和准则主义

在公司法上，荷兰东印度公司已经具有现代公司的某些特征，首先就是设立的方式。荷兰东印度公司是通过特许状的方式成立的，这就是公司设立的“特许主义”，特点是一事一议，经过批准才能设立公司。当时，这种设立方式风行于欧洲大陆。到了 18、19 世纪，公司设立慢慢不再一事一议，而是符合要求就可以，这就是“准则主义”。

---

① 参见郑海洋：《荷兰东印度公司衰落原因再探》，载《河南工学院学报》2020 年第 6 期。

② 参见《荷兰东印度公司的成立与股份》，载《南亚研究》2004 年第 2 期。

准则主义一直延续到今天，比如，我国2023年《公司法》第31条规定：“申请设立公司，符合本法规定的设立条件的，由公司登记机关分别登记为有限责任公司或者股份有限公司；不符合本法规定的设立条件的，不得登记为有限责任公司或者股份有限公司。”这里的规定就是准则主义，符合条件就可以设立公司。

和现代公司制度相比，荷兰东印度公司还有一些早期公司的特点。比如，公司内部分为六个分部，各自经营，只是对外共同使用东印度这个名称而已。另外，荷兰东印度公司虽然有董事会，但是没有股东会，董事会说了算，股东对公司没有任何支配权。从形式上看，荷兰东印度公司和之前的康孟达倒有几分相似之处：出钱的就是出钱的，干活的就是干活的，大家各司其职。

在1700年，荷兰东印度公司无疑是世界上最成功的公司。长江后浪推前浪，英国东印度公司这个后浪汹涌而来，超越了荷兰东印度公司，并把“东印度公司”这个名称据为己有。①

四、英国东印度公司

早期的英国东印度公司

英国东印度公司成立于1600年，如果只论成立时间，比荷兰东印度公司还早两年。都说早起的鸟儿有虫吃，可是早成立的公司却未必有业务。

英国东印度公司成立后，经营并不顺利，主要和它的经营方式有关。刚开始的时候，英国东印度公司采用的还是单次结算方式，航行前筹款，航行完结算。如果有一次航行失败了，下次想筹款可就没那么容易了。和荷兰东印度公司的股份制模式相比，零敲碎打的英国东印度公司显然不是对手。

比如，肉豆蔻的主产区班达群岛本来是英国东印度公司的势力范围，但是，荷兰东印度公司从1621年开始进行了一系列行动，到1625年实际占领

① 现在如果只说“东印度公司”，一般默认是“英国东印度公司”。在晚清时期，“公司”两个字在很长一段时间也是专指英国东印度公司的。参见魏淑君：《公司法在中国的百年历程》，载《华东政法学院学报》2005年第2期。

了班达群岛。①

克伦威尔改革

这时候，英国发生了一件大事。1649 年，克伦威尔处死了国王查理一世，同年宣布英国为共和国，成为实际军事独裁者，并在 1653 年驱散议会，自任“护国公”。

1657 年，克伦威尔决定对英国东印度公司进行改革，他给英国东印度公司颁发了新的特许状，明确公司以追求商业利润为目的，合股经营，而且公司有经营自主权。改革后，英国东印度公司明确了法人地位，独立经营，而且股份也可以转让。英国东印度公司终于有了稳定的运营资金，经营蒸蒸日上。

合股经营

这里要特别说一下合股经营的问题。

现在我们说起一家公司，已经习惯地认为是一个经营实体，但是在英国东印度公司的时候情况恰恰相反，很多公司依靠自己旗下的会员（members）经营，自己并不一定直接从事经营工作。例如，荷兰东印度公司自己并不经营，它有六个分部，各自进行各自的商业活动。

当时的公司是经特许设立的，在某些方面具有垄断的经营权。例如，荷兰东印度公司在东起好望角，西至南美洲南端麦哲伦海峡具有贸易垄断权；英国的东地公司（Eastland Company）拥有普鲁士和波罗的海地区的贸易垄断权。这些具有垄断权的公司，像分销商一样，从国家这个原始供应商手中取得经营垄断权，然后通过特许经营，让自己的会员可以经营相关的垄断业务。

在管理上，这些公司一般设有董事会或类似的机构，但这些机构的主要工作是订立会员经营规则，监管会员行为，解决会员之间的纠纷，从而维持自己的垄断地位，并不是为了进行业务经营。

① 参见金祎成：《17 世纪荷兰东印度公司在东南亚的香料贸易》，浙江师范大学 2011 年硕士学位论文，第 42— 43 页。

例如，英国东地公司董事会就禁止会员进行“染色交易”（colouring goods）。染色交易是指某一会员将非会员的商品，当作自己的商品对外出售。[①]

按照规则，会员只能出售自己的货物，货物整体供应量可控，自然可以卖一个好价钱。如果某一会员大量采购非会员的货物，再伪装成自己的货物出售，相当于非会员通过会员做了一个“通道业务”，取得了销售权。这不仅会压低货物价格，也会使公司的贸易垄断权名存实亡。

公司特许经营的好处是不用承担经营风险，但是因为没有统一的经营实体，公司要想长远发展就比较困难。显而易见，一个商贩云集的市场，不管生意有多好，肯定没有一个统一管理的商场有发展潜力。

随着西欧商业从波罗的海向远洋的发展，资金需求越来越大，单个会员已经越来越力有不逮。同时，面对“野火烧不尽，春风吹又生”的染色交易，把经营权收归公司也实属必要。此时，合股公司应运而生。

“股”（stock）在早期英文里多有“存货”以及“储蓄”的意思。在合股公司之前，你投资你的，我投资我的，大家互不干涉。现在会员直接投资给公司，由公司把钱合起来进行贸易经营，所以被称为合股（joint stock）。通过不断的合股实践，相关法律制度逐渐发展起来。[②] 在合股的基础上，出现了股东（stockholder）这个后来应用广泛的称谓。

历史上第一家合股公司是英国的俄罗斯公司（Russia Company），该公司成立于1555年，拥有英国和莫斯科公国之间贸易的垄断权。有趣的是，合股这种新的经营模式虽然助力英国东印度公司成为富可敌国的一代枭雄，但是俄罗斯公司通过合股经营并没有取得好的效果。若干年后，会员们纷纷要求撤资，俄罗斯公司又回到了授权会员自己经营的老路。[③]

---

① See Franklin A. Gevurtz, *The Historical and Political Origins of the Corporate Board of Directors*, 88 Hofstra Law Review 33（2004）.

② 参见虞政平：《论股东有限责任——现代公司法律之基石》，中国政法大学2001年博士学位论文，第45—46页。

③ See Franklin A. Gevurtz, *The Historical and Political Origins of the Corporate Board of Directors*, 88 Hofstra Law Review 33（2004）.

■ 第一家现代股份公司

和现代股份公司相比，英国东印度公司只差最后一步，那就是有限责任问题。东印度公司股东众多，经营决策由 24 名董事组成的董事会做出，一旦董事滥用权力，可能会危及公司的股东。股东害怕承担责任，自然不会积极投入，也就会影响公司的资金筹集。

可是，克伦威尔无法解决这个问题了。1658 年，克伦威尔在伦敦逝世，享年 59 岁。两年以后，流亡的查理二世返回英国加冕为王，英国王室宣告复辟。

王室虽然复辟，但不能阻挡历史的车轮滚滚向前。1662 年，英国通过《关于破产宣告的法令》，明确东印度公司等三个股份公司承担有限责任。到了这个时候，英国东印度公司终于超越了先驱——荷兰东印度公司，成为第一家现代意义上的股份公司。

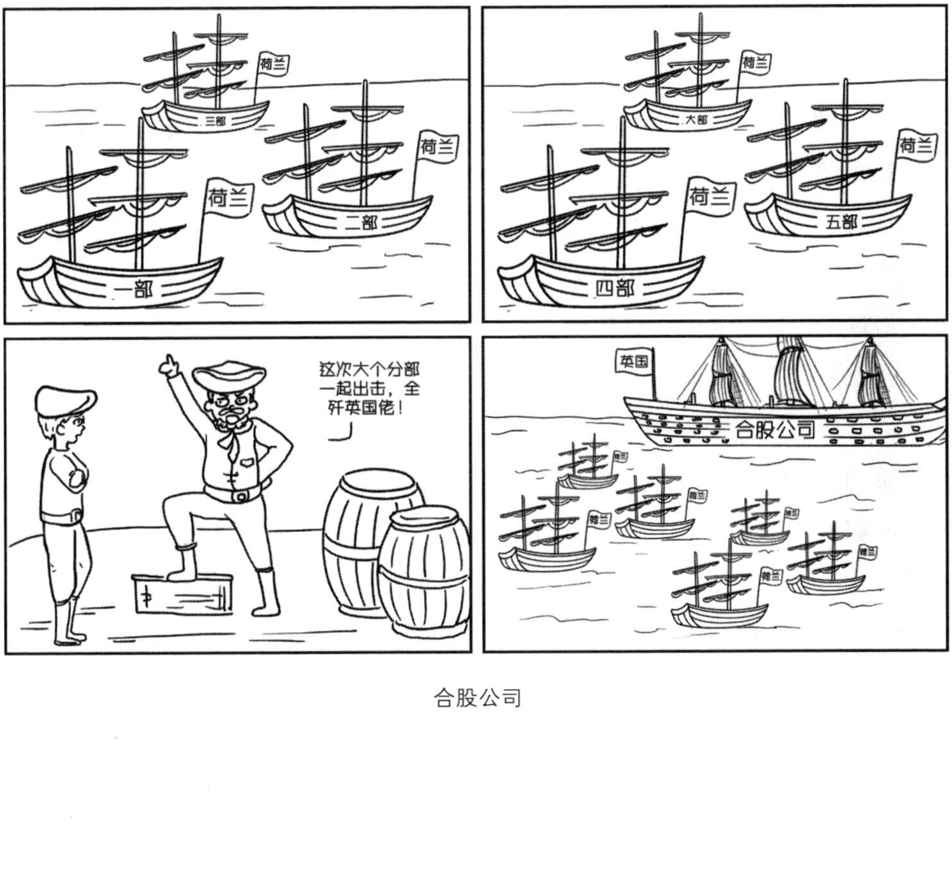

合股公司

对于英国东印度公司的巨大成功，其他国家自然不会视而不见。股份公司这种制度慢慢发展到法国、德国等欧洲大陆国家，并从19世纪开始推行到世界各地，成为近代西方国家占统治地位的公司形态。

五、有限责任，从特许到普遍

《没收条例》和信托

历史上，公司不都是“有限”的，比如无限公司，从名字就能感受到股东沉甸甸的责任。还有两合公司，股东有的承担有限责任，有的承担无限责任。那么，“有限”这两个字从哪里来的呢？这得从“信托”这种特殊的法律制度说起。

中世纪的时候，教会在欧洲统治了精神和世俗两个世界。教会宣扬的是“活着多捐献，死后上天堂”，早期的英国民众对此深信不疑，很多人决定在去世后将土地捐献给教会。这让英国国王亨利三世很不高兴，因为根据英国法律，教会的土地永久免税。

亨利三世惹不起教廷，他就想出一条绝后计：制定《没收条例》，禁止将土地捐赠给教会，否则一律没收。[①]

亨利三世，人称英格兰历史上最无名的国王之一，在他统治时期，总的来说，英国处于停滞不前的状态。后世对他的评论是：缺乏判断力，容易冲动，既怯懦无能，又野心勃勃，不切实际。

这么一个志大才疏的人，《没收条例》果然没有实施好。

除了亨利三世本人能力不足之外，还有一个重要的原因：司法系统不配合。英国当时的法官大部分是教徒，他们的屁股自然歪向了教会一方。当然，法官的职责是法律的实施，他们不能公然违背《没收条例》的规定。但是，只要知识足够多，办法总是有的。英国法官参照罗马法信托遗嘱的制度，想出了一个弯弯绕的主意。[②]

---

① 参见欣士敏：《信托的起源及其发展变革》，载《福建金融》2001年第8期。

② 参见耿勇：《信托在英国的起源与演变》，载《史学月刊》1999年第4期。

比如，约翰想把土地捐给教会，根据《没收条例》，土地会被国家没收。现在约翰根据法官大人的建议，把土地赠送给汤姆，汤姆答应替教会管理或使用土地。通过这种方式，土地的收益都归教会所有。

英国法官创造出的这个方法叫 USES，意思是“为他人的利益而持有”，这当然要以信任为基础，因此又被称为 trust，这就是“信托”（trust）一词的由来。①

在信托下，存在双重所有权制度：一块土地，既是汤姆的，也是教会的，两方都有所有权。

在制定《信托法》的时候，我国学界也有争论，说一个东西，怎么能冒出两个所有权？一只狗两个头，你说哪个头说了算？

信托制度很特别，有兴趣的读者请自行查找资料，这里不再赘述。

“气死人”的信托

① 参见耿勇：《信托在英国的起源与演变》，载《史学月刊》1999 年第 4 期。

从信托到有限责任

转眼到了18世纪，信托制度现在已经相当成熟。

这时候，因为英国法律上的限制，申请特许公司的路基本上被堵上了，但是设立合伙的路还是畅通的。虽说成为合伙人麻烦多多，不过有了信托制度，可以不成为合伙人，还能分得收益。于是，越来越多的投资人为了避免风险，开始通过信托的方式投资合伙，使合伙逐渐具有了公司合股经营的特征。从18世纪后期开始，这种信托经营方式开始蓬勃发展。

合伙毕竟不是特许公司，股东不享有有限责任的待遇。为了保护自己，非特许公司开始在自己名字中加入“有限”字样，并在一切往来文件票据中均写明“有限”之类的文字或说明，这就是最早的“有限”责任公司。

只写“有限”两个字，显然不能让大家满意。保险公司率先在保险单据中，加入公司以财产为限承担债务责任的条款，贸易公司紧跟其后。①

在法律上，这种做法能否让股东承担有限责任，不无疑问。但是，这种方式能够风行，也说明商业社会的一种普遍的需求：我们需要有限责任！任何一个政府，都无法无视这种呼声。

到了1808年，英国的伯明翰面粉和面包公司发展出超过8000名股东。要想追究股东责任，需要把8000多名股东列为被告，确认股东身份就是第一个几乎无法克服的困难，追究股东责任在技术上也变得几乎不可能。

六、《合股公司法》

就在有限责任发展逐渐成熟的时候，公司法的其他方面也在逐渐完善。

1844年，英国《合股公司法》出台，奠定了现代公司法的立法模式和框架。《合股公司法》确立了公司法的三大原则：

①区别个人合伙和合股公司。合股公司必须有25个以上的股东，股份自

---

① 参见虞政平：《论股东有限责任——现代公司法律之基石》，中国政法大学2001年博士学位论文，第60页。

由转让，不需要其他成员的同意。

②法人准则主义。只要是符合法定条件的社团，一经注册登记就取得法人资格，不必另有特许状或国会法令授权。

③公司必须公示，以防止欺诈。为了保护民众和债权人的利益，英国建立了公司的信息披露制度。

这三个原则，一直影响到现在，范围也不止英国。我国 2023 年《公司法》第 157 条规定，股份有限公司的股东持有的股份可以向其他股东转让，也可以向股东以外的人转让；公司章程对股份转让有限制的，其转让按照公司章程的规定进行。这就是股份可以自由转让的规定，只不过随着股东自治理论和实践的发展，增加了公司章程可以对股份转让进行限制的规定。第 31 条规定：申请设立公司，符合本法规定的设立条件的，由公司登记机关分别登记为有限责任公司或者股份有限公司；不符合本法规定的设立条件的，不得登记为有限责任公司或者股份有限公司。该条规定的是准则主义：公司符合条件就可以设立。第 32 条第 2 款规定：公司登记机关应当将前款规定的公司登记事项通过国家企业信用信息公示系统向社会公示。这就是公司信息必须公示的规定。

通过国家企业信用信息公示系统和各种“查”的软件，可以很方便地查询公司登记的基本信息，大概相当于看一个人的身份证。如果涉及诉讼，还可以委托律师去市场监督管理局查询公司的企业内档，大致相当于翻了一个人的户口簿。

《合股公司法》实施以后，英国的公司注册大大简化了。有了注册方便、费用低廉的普通公司注册，申请特许状变得毫无必要，特许公司数量迅速减少。新申请当然不大有了，旧有的在特许状期满后很多也转为注册公司。当然，有虚荣心或者怀旧心，愿意叫什么“皇家”×××的除外。

《合股公司法》确立了现代公司法的基本原则，但是英国的公司注册并不十分踊跃，从 1844 年到 1855 年，注册公司数量不到 1000 家，平均每年才 90 家左右，主要的原因在于股东有限责任还未被正式确立。

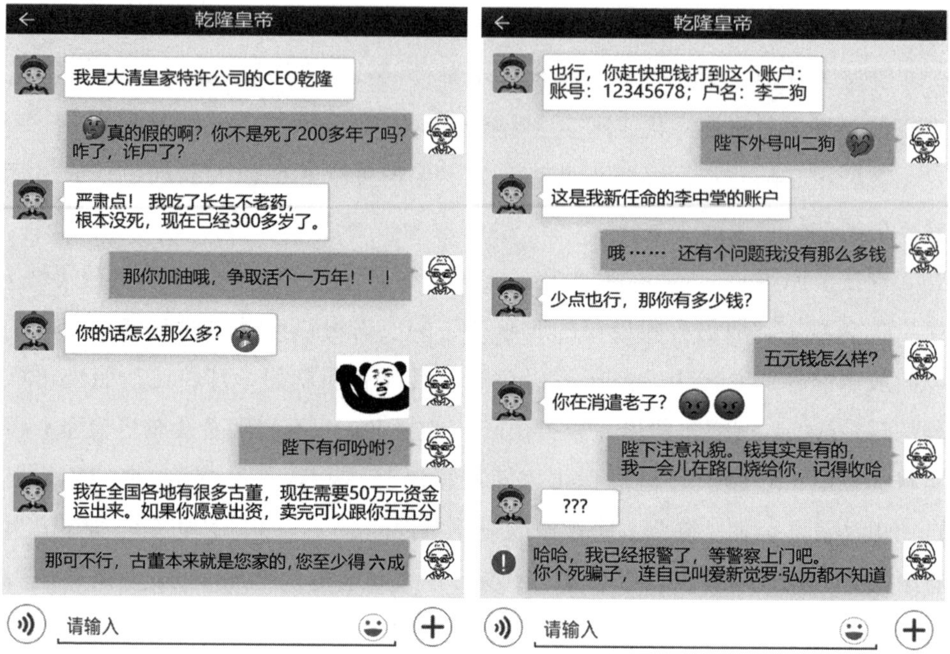

“乾隆皇帝”

七、无限责任的没落

该来的早晚会来。1855年，英国股东的有限责任立法最终通过，名字就叫《有限责任法》。这个法案只有19条，但是标志着有限责任原则在英国的普遍实施。

《有限责任法》激发了公司注册的热情，从1855年到1862年，英国共有约2500家公司注册，平均每年差不多350家，是之前每年90家的4倍。

从现在来看，有限责任无疑是最好的制度，但是，在当时很多人看来，有限责任无疑是最坏的制度。在《有限责任法》议案提交讨论时，《法律时报》将该法案称为“无赖特许状”，曼彻斯特商会也宣称，该项法案毁灭性地破坏了我们合伙法律中由来已久的高度道德责任感。①

① 参见王妍：《非公司企业为什么会兴起——公司的局限及其法律制度检视》，载《法学论坛》2015年第3期。

这和传统上欠债还钱的理念有关系，也和此前有限责任的不良影响有关。在此之前，一些率先取得有限责任的特许公司，在有限责任的保护下，抽逃注册资金、无端地高额分红，甚至把公司财产当成个人财产瓜分。最终，债权人面对一个空壳公司，欲哭无泪。

这样一个普遍性的有限责任立法，不禁让大众疑窦丛生。

不认同的不止是民众。《有限责任法》通过以后，很多公司自愿坚持无限责任，特别是银行。在它们看来，只有经营不审慎，才会害怕承担责任。只要我们经营足够审慎，我们永远不需要有限责任，难道不是吗？我们不是无赖，我们坚决不申请无赖特许状。

发出这种掷地有声言论的，就包括格拉斯哥城市银行。

格拉斯哥是苏格兰的首府，格拉斯哥城市银行成立于 1839 年，主要做本地的生意。经过 30 多年的快速发展，到了 1870 年，这家银行已经成为英国第三大银行。

在 1878 年 6 月的时候，格拉斯哥城市银行还一切正常，董事会宣布正常分红。根据公司的资料，公司资产状况良好，净资产比率 13%。到了 9 月，市场上突然传言四起，说格拉斯哥城市银行经营已经陷入困境，正在寻求帮助。

事实证明，这并非捕风捉影。多年来，公司管理层一直在隐瞒公司的实际情况，格拉斯哥城市银行已经无力继续经营，因为窟窿太大，没有一家机构敢于伸出援手，格拉斯哥城市银行只好破产。

格拉斯哥城市银行破产是英国当时最大的银行破产，这个纪录一直到 2008 年金融海啸才被打破。

格拉斯哥城市银行有 1819 个股东，股东没有受到有限责任的保护，被要求追加投资。1878 年，股东们被要求每股追加投资 500 英镑。1879 年，股东们被要求每股再追加投资 2250 英镑。①

---

① See *Lessons from the Past – City of Glasgow Bank Collapse*（1878）（February 2017），Stewart Investors，https：//www. stewartinvestors. com/all/insights/stap/glasgow – bank – collapse. html#：～：text = City%20of%20Glasgow%20Bank%20Collapse%20%281878%29%20In%20 October，number%20of%20issues%20around%20investing%20in%20bank%20shares.

书到用时方恨少，责任到承担时才嫌多。

在破产清算结束的时候，超过 1500 个股东破产，只有 254 个股东还能勉强维持生计。

“无赖特许状”

通过格拉斯哥城市银行破产这个现实的案例，股东们不再以无限责任为荣，有限责任一统江湖，彻底扫荡了公司界。银行破产后来也经常发生，但很难看到股东买单的情况了。当然，银行破产影响太大，政府不能不管，出钱的其实是广大的纳税人。在某种程度上，这也是一种合理的结果。有限责任促进了投资，经济自然就繁荣，经济繁荣，政府税收增加，好的时候收了钱，出了问题来买单也有一定的合理性。

有限责任终于走上了公司法的舞台，成为最耀眼的明星。在有限责任支撑下，公司制度获得了飞速的发展。但是，“无赖特许状”这样的声音一直没有停歇，而利用有限责任恶意逃避责任的例子更是层出不穷，花样翻新。

法律不能置之不理。有限责任不能废除，但是相关制度也不能缺席。资本充实、公司人格否认制度、股东责任等相继出台，给有限责任上了一道又一道“紧箍咒”，后面我们会一一道来。

八、有限责任公司

股份公司从特许主义走向了准则主义，明确了股东有限责任，终于发展成熟。但是，公司法的发展并未停止。一种新的公司制度，也是中国目前数量最多、最常见的公司形式，还没有产生。

股份公司历经数百年成长，才逐渐发育成熟，而这种公司形式，完全是人为的创造，它在一夜之间出现在世人面前，并让人们为之倾倒。创造它的人，是德国的立法者和法学家。公司的形式，叫作“有限责任公司”。①

说起来，有限责任公司是加强管制的副产品。

资本主义初期的一个显著特色是周期性的经济危机，德国也不例外。经济出了问题，政府就开始加强监管。结果一查之下，发现有的股份公司根本就没有足够的资金，还有的股份公司纯粹就是骗钱的，德国政府于是决定对公司进行治理整顿。

1884 年，德国对《商法典》进行了修订，设立股份公司变得严格了。人们做大生意，设立大企业是不怎么怕麻烦的，但是，对于小企业股东来讲，设立股份公司的成本太高，手续太烦琐，等于对他们关上了设立股份公司的大门。

堵不如疏。上帝关上了一扇门，还会再开一扇窗，社会也呼吁政府给小企业留一条活路。于是，法学家和立法者联起手来，发明了一种公司形式，就是有限责任公司。1892 年，德国颁布了《有限责任公司法》，标志着有限责任公司制度的诞生。

让人没有想到的是，这种人造的组织形式，迅速风靡德国，并传遍全世界。比如，在我国，有限责任公司数量远超股份有限公司。工商银行，全名中国工商银行股份有限公司，是个股份公司，但是，它最大的股东之一是中

---

① 参见朱国林：《联邦德国有限责任公司法与英国私公司法的比较》，载《法学评论》1987 年第 5 期。

央汇金投资有限责任公司。贵州茅台酒股份有限公司的控股股东是中国贵州茅台酒厂（集团）有限责任公司。华为，一般指的是华为投资控股有限公司，或者华为技术有限公司。

有限责任公司能够风靡世界，主要是契合了市场的需求。股份公司从一开始，就是“资合性”的公司，大家把钱凑在一起做生意，股东之间不要说合作，可能见都没有见过。因为资合性的特点，为了防止欺诈，保护股东和债权人利益，股份公司设立要求严格，股份可以自由转让，企业经营情况也需要公开。

有限责任公司的制度设计，不仅有资金合作，也看重股东之间的合作。也就是说，兼具资合性和人合性的特征。人合性就是指纯粹的个人之间的合作，最典型的就是合伙。股份公司和合伙，共同孕育了有限责任公司。

有限责任公司不用公开企业经营资料，不仅节省费用，也有助于保护公司的商业秘密，更适合中小企业的发展。人合性的特点，也保证了有限责任公司股东的相对稳定。

恶意收购

比如，我国公司法规定，有限责任公司的股东之间可以相互转让其全部或者部分股权，股东向股东以外的人转让股权，其他股东有优先购买权。这种制度设计，可以让股东把不喜欢的投资对象拒之门外。当然，有限责任公司毕竟是公司，其他股东如果没有足够的资金，在公司章程没有特殊约定的情况下，也无法阻止股权对外转让。

第二章　中国公司萌芽

一、欠债还钱，天经地义

■《四十千》

俗话说：杀人偿命，欠债还钱，天经地义。有限责任和我们的传统理念是格格不入的。《聊斋志异》中就有这么一个欠债还钱的故事。

> 王大司马家里有一个总管，这个总管很有钱。有一天，总管梦到一个人跑进屋，对他说："你欠我四十千钱，现在该还了。"总管觉得很奇怪，问他从哪里来，他也不回答，直接走进了里屋。总管梦醒后，喜讯传来：太太生了个儿子，母子平安。
>
> 大户家里添丁进口，张灯结彩、大排筵宴总是少不了的。但是，总管没有安排庆祝。他做了一件奇怪的事：拿出四十千钱，单独放在了一间屋里。总管告诉家人，孩子所有衣食住行的花费，都从这些钱里取用。三四年过去了，总管在屋里一查，四十千钱用得只剩下七百钱了。
>
> 这时候，乳母抱着小孩进来玩，总管对儿子说："四十千钱快用完了，你也该走了吧。"活蹦乱跳的小孩听到这话，颜色蹙变，项折目张，死在了当场。剩下的七百钱当然也是要还的——办了丧事。

这是还上辈子欠债的故事，故事的名字叫《四十千》。

"信"是儒家的五常之一。言而有信，是传统中国看重的基本品格和德行，所以才有《四十千》这样的故事，劝喻大家不要欠债，因为就算是上辈子欠的债，这辈子也总是要还的。

当然，劝人向善不见得对所有人都有效，所以在法律上会有严格的制裁措施。在唐朝，如果欠债价值 1 匹布以上，不还就会被拉到衙门打板子，欠得越多，打得越多。打完还不还，可以判处有期徒刑。

这种制度一脉相承。

明朝《大明律》中也有类似的惩罚规定。在法律上，这叫“违契不偿”，翻译过来就是“违反合同约定，没有履行到期债务”，民间俗称“老赖”是也。

在歌剧《白毛女》中，杨白劳欠了黄世仁的钱，黄世仁把喜儿抢走抵债，也充分反映了直到近代，欠债是可能产生人身性责任的。

史玉柱还债

随着中国法制的进步，欠债不再有刑事责任，但是欠债还钱的理念一直延续到当代，并常常作为正面事例被广泛宣传，比如史玉柱的经历。

1997 年，因投资巨人大厦失利，史玉柱创立的巨人集团陷入困境。史玉柱承诺“欠别人的钱一定会还的”后，辗转来到上海，重新注册公司，开始销售“脑白金”等产品，并大获成功。

史玉柱不忘承诺，在 2001 年前后，开始以现金方式收购珠海巨人集团公司在内地发售的巨人大厦内地楼花或契约，按百分之百全部兑现，大致 5000 万元人民币。[①]

2001 年 2 月 3 日，史玉柱因还债“义举”而接受采访。根据媒体报道，从 1997 年“巨人倒下”后，他一直没用过名片，现在他终于堂堂正正地递出了自己的名片。他也终于可以摘下自己的墨镜，昂首挺胸在大街上行走了，再也不用担心别人认出他是史玉柱。[②]

众所周知，欠债的是巨人集团，史玉柱只是公司股东，对公司负有有限

① 参见蔺霆钧:《诚信——从“巨人”还债说起》，载《中外企业文化》2002 年第 9 期。

② 参见柳中原:《史玉柱 ：激荡人生》，载《沪港经济》2013 年第 4 期。

责任，他不需要偿还公司所欠的债务。但是，在道德上，他认为应当由他来还，并多次表示“欠债还钱”。在还债以后，史玉柱果然获得了媒体的广泛正面报道，被认为是现代传奇。①

同时期，美国第45任总统特朗普已经开始通过《美国破产法》第11章为其公司申请破产保护。特朗普先后一共6次为其公司申请破产保护，这在中国难免被人啧啧称奇，但在美国属于商业上常见的处理方式，倒也不算特别离谱。

欠债还钱

■ 个人破产

另一个值得一提的是，2021年3月1日，中国第一个个人破产法规——《深圳经济特区个人破产条例》在深圳开始实施。个人破产制度目的是让诚实而不幸陷入财务困境的债务人获得解除债务危机的机会，但是社会仍对这种

① 参见刘小淇：《史玉柱的良心债》，载《新财经》2001年第3期。

制度存在大量质疑的声音。① 可见欠债不还，不论其原因是什么，对于很多人来讲还是不能接受的。

在欠债必须还钱的思想下，以有限责任为基础的公司在中国的发展可谓举步维艰。

二、外资公司

中国早期的商人

早在春秋战国时期，在采矿业、铸造业等具有一定规模的生产领域，我国就出现了具有合股经营性质的生产经营方式，但无论是资本制度，还是管理方式，都和现代公司相去甚远。

由于对商品流通正面作用的认识不足，我国历代封建王朝在经济上大部分奉行重农抑商的政策，认为从事工商业属于舍本逐末。在传统的士、农、工、商四大阶级中，商人属于“四民之末”，社会地位仅比奴婢、贱民高一点。耕读传家久，诗书继世长，大家都耳熟能详。直到明朝的时候，根据法律规定，商人不许穿绸和纱，只能穿绢和棉布。②

经商，反正是不入正道。如果不赚钱，那就没有活路；如果赚了钱，特别是赚了大钱，成了富豪，那就更危险。明朝首富沈万三满门抄斩，清朝红顶商人胡雪岩革职抄家，都是现成的例子。如果越有钱越倒霉，有钱人的首选就不是通过钱生钱扩大再生产，而是买房置地，把财富藏起来。于是在我们的社会中就出现了财不外露的古训和地主老财的各种传说，也给世人形成了中国人爱买房的刻板印象。

---

① 参见白田甜：《个人破产立法中的争议与抉择——以〈深圳经济特区个人破产条例〉为例》，载《中国人民大学学报》2021 年第 5 期。

② 法律规定如此，能否执行当然也是一个问题，比如明朝中叶以后，在活跃的市场交易活动的冲击下，商人的社会地位已经大大提高了。参见刘霞、袁新苗：《明朝浙商发展概况及商人社会地位综述》，载《现代物业（中旬刊）》2013 年第 3 期。

挣钱之后

简言之，传统中国社会整体而言是自给自足的简单再生产，公司这种企业组织是不太可能自发出现的。所以，最早在中国出现的公司是舶来品，也就是外资企业。

■ 外资公司

1840 年鸦片战争以前，西方和中国虽有通商，但贸易规模相当有限。鸦片战争以后，清政府被迫打开国门，列强开始在通商口岸设立贸易、轮船、保险、银行等“洋行”。这些洋行中有相当一部分是公司形式的。

1861 年，居住在上海租界的一些英国商人援引本国已成功利用煤气的事例，倡议在上海生产和供应煤气，用以照明。他们在上海出版的英文报纸上刊登了筹建煤气公司的发起书，向社会公开招股集资办厂。1864 年，公司成立，初始资本 10 万两白银（下同），这就是中国第一家煤气厂——大英自来火房。①

① 参见汪敬虞：《十九世纪外国侵华企业中的华商附股活动》，载《历史研究》1965 年第 4 期。

这些在中国设立的外资企业，由于采用了比较先进的企业组织形式和受到了不平等条约的庇护，很快就发展起来，并把公司制扩散到了其他领域之中。

买办的附股投资

外资企业刚刚进入中国的时候，不熟悉中国文化，语言也不通，经营起来难免会有些隔阂，需要借助本土的资源。这样，中国慢慢发展出一个特殊的阶层：买办。买办从交易中抽取佣金，逐渐积累了可观的财富。据学者研究，1840—1894 年买办总收入约在 4 亿—5 亿两。①

买办通过原始积累，手握巨资，也开始对外进行投资，包括参与外国人的投资活动。例如，怡和洋行的总买办唐廷枢、宝顺洋行的总办徐润，都投资了外资企业。因为在设立和经营中不占主导地位，这些投资也被称为“附股”。②

在洋商的一再劝诱和丰厚利润的吸引下，通商口岸逐渐兴起了华商认购洋股之风。有的洋行股票因供不应求，市场价格比面值要溢价好几倍。个别洋行鉴于要求认股的华商数量太多，不得不制定了限制条件。③

不断高涨的华商附股于洋行热潮的直接后果就是，大量中国资本流入外国公司，成为外国公司开拓中国市场、侵攘中国利权的重要资本支柱。这种华商资本在中西商战中非但不能御敌，反而倒戈相向的状况，逐渐引起了李鸿章等洋务派官员的忧虑，他们不得不考虑如何将华商资本从洋行中吸附过来。师夷长技以制夷，仿效洋行创办自己的公司，就是首选办法之一。④

三、百年招商局，半部近代史

招商局艰难起步

中国本土第一家股份制公司是“轮船招商局”，成立于 1872 年，是洋务

① 参见张萍：《近代买办研究综述》，载《清史研究》1996 年第 1 期。
② 参见汪敬虞：《十九世纪外国侵华企业中的华商附股活动》，载《历史研究》1965 年第 4 期。
③ 参见汪敬虞：《十九世纪外国侵华企业中的华商附股活动》，载《历史研究》1965 年第 4 期。
④ 参见汪敬虞：《十九世纪外国侵华企业中的华商附股活动》，载《历史研究》1965 年第 4 期。

运动的产物。①

1861年辛酉政变后，慈禧登上了统治的中心，洋务派得到了大力支持。洋务运动前期，洋务派以“自强”为口号，采用西方先进生产技术，创办了一批近代军事工业。

随着军事工业的创办，洋务派认识到，强大的国防基础在于整个国家经济的发展，要求能源、钢铁等工业与军事工业配套。同时，为了维护民族利益，也必须发展民族经济，与洋人商战、争利。于是，他们提出了“求富”的口号，开始发展民用工业和新式交通运输业，轮船招商局应运而生。

主持轮船招商局设立工作的是时任直隶总督、北洋大臣李鸿章。对于中国人能否办好股份制公司，当时的人们普遍持怀疑和观望的态度，就连李鸿章的部下都有疑虑，被寄予厚望的红顶商人胡雪岩都没有出资。按照李鸿章的说法，是“畏洋商嫉忌，不肯入局”。②

李鸿章认为胡雪岩畏惧洋人，但事实上，所谓胡雪岩畏惧洋人，可能只是一个托词：他害怕的不是洋人，而是以李鸿章为代表的官府。

中国人虽然一直奉行“抑商”政策，但也离不开商业。中国的统治者很早就意识到商业的价值，并且主动参与到商业经营之中。早在商周，我们就出现了吃官家饭的公家人：工商食官，这些人从事工商业，从官府取得报酬。

秦汉两代，政府开始推行盐铁专营，宋以后则扩大专营范围，把茶、醋、酒等多种大宗商品纳入。

在整个中国古代社会，都渗透着“官商”经济的色彩，工商业始终牢牢控制在官府手中，民间资本只能在官方的夹缝中生存。

现在要开设的轮船招商局无疑是官办的公司，李鸿章是否借开设公司为名行揩商人油之实，胡雪岩心中恐怕不无疑问。红顶商人都不出头，其他人更不出钱，轮船招商局只能举债度日。

---

① 参见《晚清时期的招商局》，载招商局集团官网，https：//www. cmhk. com/main/gyzsj/qyls/zsls/index. shtml，最后访问日期：2023年9月28日。

② 参见刘宏：《试论买办商人对招商局早期发展的作用》，载《江苏社会科学》1993年第1期。

开公司

招商局的改组

开局不利，李鸿章不得不在半年后对轮船招商局进行改组，任命唐廷枢为总办，徐润为会办。两人上任后，经李鸿章同意，轮船招商局由官办改为官督商办，唐廷枢带头入股 8 万两、徐润入股 24 万两，招商局 100 万两银的招股任务很快完成。第二年，轮船招商局净利润即高达 8 万两。

在轮船招商局的示范效应下，近代中国出现一波兴办实业的热潮，如开平煤矿、上海电报局、上海机器织布局等。这些企业也都效仿轮船招商局，采用了官督商办的形式。

另外值得一提的是，轮船招商局对近代中国股市的兴起也起到了重要作用。开办之初，轮船招商局股票市价仅为票面价值的四至五折。随着业务的不断拓展和收益的逐年攀升，轮船招商局股票市价日渐看涨。1882 年 6 月 9 日，轮船招商局原价 100 两的股票，市场价已涨至 247.5 两，同年 10 月 12 日更涨至 267 两。轮船招商局股票的大涨，让很多商人、民众发现了投资股票的价值，正如当时舆论所言：中国初不知公司之名，自招商轮船局获利以来，风气大考，矿务即乘之而起。[①]

1950 年 1 月 15 日，香港招商局全体员工和留港的 13 艘海轮共 600 余人正式宣告起义，[②] 招商局在香港各办公楼、码头、仓库升起五星红旗，宣告香港招商局的新生，成为当年轰动世界的新闻。

招商局集团有限公司现为中央直接管理的国有重要骨干企业，总部位于香港。在 2022 年 8 月《财富》发布的世界 500 强榜单中，招商局和旗下招商银行继续入围，招商局成为拥有两个世界 500 强公司的企业，招商局集团和招商银行排位持续提升。[③]

四、山西票号：中国式合股经营

除了官督商办的公司，在晚清时期，随着社会经济的发展，个人和国家之间的隶属关系不断松弛，民间的工商业也得到了很大的发展，在一些领域，出现了合股经营的企业形式。这是中国在近代自主发展起来的、最接近公司的组织形式。

中国式合股经营最典型，也最为人知的，就是山西票号。

票号的产生

西方最初的合股经营，是很多人凑钱在一起做一个生意，而中国的合股经营和西方截然不同。

清朝中叶，八大晋商之一，人称“侯百万”的山西介休商人侯兴域，在去世前把所有的店铺字号按 6 个儿子每人 1 股均分成了 6 股。儿子慢慢变成了父亲，也按照老规矩把自己的 1 股进行均分。侯家后来开办了“蔚字号”，就

---

① 参见田永秀：《晚清股票思想略论》，载《青海社会科学》2008 年第 6 期。

② 参见《新中国成立后的招商局》，载招商局集团官网，https：//www. cmhk. com/main/gyzsj/qyls/zsls/index. shtml。

③ 参见《集团简介》，载招商局集团官网，https：//www. cmhk. com/main/a/2022/c23/a43431_46123. shtml。

有了众多的股东。[①]

类似的还有山西太谷曹家。曹三喜有7个儿子，三喜将资产分7份，7家各出资本10万两，组织总管理处，总管理处名为“曹七合”。[②]

中国法律上没有长子继承的制度，一旦分家析产，有几个儿子，这家企业就会被分成几家，而企业一旦分散经营，往往离衰落也就不远了。山西票号这种分家不分产的方法，使原有企业仍然可以集中经营，解决了企业随创始人的离开而被肢解的问题。

■ 票号的发展

1823年，最早的山西票号日升昌在山西平遥设立，开始经营通存通兑的汇兑业务。

1862—1893年这30多年，是票号的大发展时期。在此期间，国内发生了一系列内部战争，如太平天国起义、捻军、云南回民起义等。内部战争的直接后果就是治安急剧恶化，地方政府缴纳给朝廷的京饷就无法按时送达。

清政府当时焦头烂额，忙于国内国外的战争，对资金需求十分迫切。山西票号作为民间汇兑服务的提供者，恰在其时介入，避免了京饷运输途中的风险，双方可谓一拍即合。[③]

另外，随着中国通商口岸的开放，进出口贸易得到快速发展。无论是把货物从口岸卖到内地，还是从内地收购货物运输到口岸，都需要大量的汇兑服务。政府和民间的共同需求，使票号得到飞速发展。票号办理汇兑、存放款，解决了运送现银的困难，加速了资金周转，促进了商业繁荣。票号商人与官府勾结，代清政府筹措汇解京饷、军饷，筹还外债，收存中央及各省官款，起过代理国库和省库作用。[④]

---

① 参见乔南：《晋商家族及其制度变迁》，山西大学2003年硕士学位论文，第8—9页。

② 参见赖惠敏：《太谷曹家的商贸网络》，载《内蒙古师范大学学报（哲学社会科学版）》2018年第4期。

③ 参见任朝英：《山西票号向现代银行转型失败的分析》，山西财经大学2015年硕士学位论文，第18—20页。

④ 参见任朝英：《山西票号向现代银行转型失败的分析》，山西财经大学2015年硕士学位论文，第20—21页。

票号的组织

在当时的票号，股东被称为“财东”，对票号债务负无限责任。从这点来看，山西票号和现代公司制度仍然有较大的差异。另外，由于票号的财东都是一个家族的，票号具有相当的封闭性，和现代公司制度相比，向社会的融资功能差距明显。

在经营上，票号和现代公司的管理制度也有很大不同。山西票号普遍的是掌柜的说了算。在身份上，掌柜的是股东请来经营管理的，虽然可以分得经营利润，但其实并不能算是股东。不过，虽然掌柜的不是股东，但权力很大，在某种程度上可以说比股东还要大。正是这种制度安排，导致了票号往往依赖掌柜的这一个人，选对人的时候，企业会蓬勃发展，人一旦选错，企业就会停滞不前，甚至迅速衰落。

票号和银行

有人认为，山西票号的这种经营模式实现了所有权和控制权的分离，是一种先进的管理制度。但是，掌柜的权力太大，股东监督和决定权的缺失，就会产生管理层控制的现象。掌柜的为了自己的利益，首要的目标是保住目前的位子，至于对企业经营是否有利只能是第二位考虑的目标。这和现代公司法讲究分权、制衡的原则也有不小的差异。

票号的消亡

如果假以时日，山西票号自主发展成为现代的公司并非不可能。但是，中国面临大变革，已经没有时间让山西票号慢慢发展了。在汇兑业务大发展的时候，票号得到了极大的发展，繁荣一时。到了 19 世纪末期，公司制的银行开始加入汇兑的竞争，比如通商银行、户部银行、交通银行，而口岸的大额汇兑业务被外资银行把持，票号的生意开始一落千丈。[①] 有些票号也试图向现代银行转型，均未能成功。

山西票号的盛极而衰，是多方原因的结果。但是其传统的企业组织，很显然无法适应当时社会的变化，在和股份制的公司竞争中不免落于下风，最终被淘汰出局。

五、"公司" 名字的起源

名不正则言不顺，现在我们就来说说"公司"这个名字。

公班衙

在中国人最早接触的公司中，英国东印度公司和荷兰东印度公司是最有影响力的。公司的英语叫 company，荷兰语叫 compagnie，中文并没有对应的称呼。18 世纪的时候，有人称它为"公班衙"。[②] 根据方流芳教授的猜测，这可能是翻译把"官商"和"衙门"结合起来的突发灵感。当时清政府闭关锁

① 参见任朝英：《山西票号向现代银行转型失败的分析》，山西财经大学 2015 年硕士学位论文，第 30—35 页。

② 参见方流芳：《公司词义考：解读语词的制度信息——"公司"一词在中英早期交往中的用法和所指》，载《中外法学》2000 年第 3 期。

国，只开放广州一处通商口岸，这个词显然也和粤语音译密不可分。因此，有人认为“公班衙”这个称呼是音译和意译相结合产生的。①

魏源在《海国图志》一书中多次提及公班衙，并指出：“公班衙，即公司之异名也。”

公司

19世纪初，传教士R. 马礼逊（R. Morrison）编撰了汉英词典，公司（kung sze）条目解释为“欧洲的公司”。不过，根据中文资料，“公司”在当时是英属东印度公司的专用名称，而且是比公班衙更正式的专用名称。② 到了19世纪晚期，“公司”开始变成一个通用名称，不再专指英属东印度公司。③

有人认为，公司是郑成功发明的一个新词，但并没有确切的证据。这个误会之所以产生，可能和郑氏家族经常进行国际贸易有关系，他们也是中国最早认识西方公司的人。

郑成功秉承父业，旗下有五商十行，分别是海路五商：仁、义、礼、智、信；山路五商：金、木、水、火、土。总共10家商行，没有一家叫公司的。④

值得一提的是，当时使用“公司”这个名字的还包括天地会。天地会打不过清政府，于是四海为家，在海外成立了很多公司，其中最著名的一是兰芳公司，二是义兴公司。

1776年，在印度尼西亚婆罗洲的天地会首领罗芳伯联合4家公司组成兰芳公司，并于次年改称兰芳大总制共和国。兰芳共和国存在长达100多年，最后因荷兰殖民者的入侵而灭亡。

新加坡的天地会组织叫“义兴公司”，曾在殖民地当局注册。这里的“公司”，就是指一种组织，和公司法意义上的公司并不完全相同。

---

① 参见崔军民：《近代法律新词的发展及其轨迹》，载《河北法学》2010年第1期。

② 参见方流芳：《公司词义考：解读语词的制度信息——“公司”一词在中英早期交往中的用法和所指》，载《中外法学》2000年第3期。

③ 参见崔军民：《萌芽期的现代法律新词研究》，四川大学2007年博士学位论文，第24页。

④ 参见任鸿章：《明末清初郑氏集团与日本的贸易》，载《日本研究》1988年第4期。

■ 行

中国没有发展出像公司、合伙这种不同组织形式的经营体，因此商号中也没有统一的、泛指企业实体的名词，广州有义和行、保和行等十三行，黄飞鸿的药店叫宝芝林，传统商号还有“同仁堂”“东来顺”等。如果一定要有一个统一的称呼，“行”应该是比较具有代表性的。从现在法律视角来看，这些商行类似于个体户，没有资产，老板一人说了算，出了问题老板一人扛着，和公司制可以说是相去甚远。

对于除了东印度公司之外的外资公司而言，选择中文商号一般叫“洋行”，比如现在还存在的老牌英资的怡和洋行和太古洋行。这一方面是因为公司这个词专门指东印度公司，另一方面也是因为当时中国社会广泛接受、指称商号的名词仍然是“行”而不是公司。

■ 局

洋务运动开始以后，中国洋务派仿照西方设立的新式企业大多命名为“局”，如上文所说的轮船招商局，还有江南制造总局、福州船政局等。“局”是洋务运动刻意效仿西方公司的产物。和十三行相比，局的主要变化是它的法人特性，同时它又是一个资本集合体。①

这些局开始有了自己的资产，设立了董事和经理，已经非常接近现代的公司了。可能是由于官督商办的原因，这些企业才使用了“局”的名称，也是因为这个名称官方色彩太浓厚了，民办的企业一般不使用“局”这个名称。

■ “公司”的胜出

晚清时期，东印度公司被称为“公司”，一个重要的原因就是东印度公司来自国家的特许，而“公”在中文里有“官”的意思，如公车、公府、公堂等。另外，单看字面意思，“公司”含有众人管理事务的意思，符合股东出

---

① 参见方流芳：《公司词义考：解读语词的制度信息——“公司”一词在中英早期交往中的用法和所指》，载《中外法学》2000 年第 3 期。

钱，进行管理的企业特征，于是“公司”这个称谓在名称大战中逐渐胜出。

从法学角度来看，公司法在法律分类中属于民商法，主要是私法的规定，兼有公法的规定。这样看来，叫“公”司倒也合适。

1875 年，在光绪皇帝的谕旨中，用公司代替了局。光绪谕旨没有沿用“局”，而改用“公司”一词，或许表明了从官督商办到民办经营的政策转变。1904 年，《公司律》颁布实施，该律第 1 条规定：“凡筹集资本，共营贸易者，名为公司。”这是立法中第一次正式使用“公司”这个词。

1914 年，北洋政府农商部颁行的《公司条例》和 1929 年南京国民政府颁布的《公司法》，都使用了“公司”这个名称，公司的概念被官方和民间广泛接受，一直延续至今。

都是公司

六、清王朝的覆灭和股权争议

1911 年，辛亥革命爆发，不仅推翻了清政府 276 年的统治，也标志着中国两千多年的君主专制制度就此终结。而辛亥革命的成功，和一家公司的股权争议直接相关。

20 世纪初，为发展四川的铁路交通，清廷批准自办川汉铁路。1904 年，川汉铁路总公司成立，这是全国首家省级铁路公司，也是一家没有任何外资成分的铁路公司。

四川省贫穷，财政空虚，川汉铁路总公司的股本主要依赖民间。据统计，川汉铁路总公司实收股银 1645 万两，农村地主和农民出资高达 928 万两，占比达 56.41%。可以说川汉铁路名为“商办”，实是百姓在“买单”。①

四川民间踊跃投资，和当时的社会大环境有关。

随着 1904 年《公司律》的颁布实施，法律上股份公司有了制度性规定，民间资本也开始大胆进入能源和资源性产业，在湖北、湖南、四川等省份出现了全民入资办铁路的热潮，“倡优乞丐相率入股”。

1908 年 10 月，新任四川总督的赵尔巽开始实际运作建路之事。没想到的是，这位赵大人磨蹭 3 年，仅在宜昌附近修了一条 30 多里长的窄轨运料铁路，路工进展之缓慢令人震怒。②

到了 1911 年 5 月，一个爆炸性的消息传来：清廷要把川汉铁路收归国营。按照邮传部尚书，后来成为四川人民公敌的盛宣怀制定的国有化方案，股东只能收回六成的本钱，而且还不是现银。③

四川各界对这个方案群起抗议，组织了保路同志会，宣誓拼死破约保路。全川 142 个州县的工人、农民、学生和热心民众纷纷投身于保路运动之中，保路同志会会员不到 10 天就发展到 10 万人。

---

① 参见李永晖：《四川保路运动及对它的几点历史思考》，载《文史杂志》2017 年第 6 期。

② 参见李永晖：《四川保路运动及对它的几点历史思考》，载《文史杂志》2017 年第 6 期。

③ 参见王志刚：《论盛宣怀与四川保路运动的发展》，载《史学集刊》2014 年第 4 期。

在同盟会会员的宣传、组织下，保路运动转向反清的武装斗争，锐不可当。1911 年 9 月 25 日，荣县独立，成为全中国第一个脱离清王朝的政权，把保路运动推向高潮。[①] 清廷慌忙之下，急调湖北新军驰援四川，武昌空虚，给了起义一个绝佳的窗口期。

1911 年 10 月 10 日，在同盟会的策动下，数百湖北新军起义，全国响应，辛亥革命一举成功。

孙中山曾如此评价保路运动的重要性："若没有四川保路同志会的起义，武昌革命或者要迟一年半载的。"[②] 不夸张地说，清廷的覆亡，和川汉铁路总公司的股权争议直接相关。

"龙脉"受损

① 参见李永晖：《四川保路运动及对它的几点历史思考》，载《文史杂志》2017 年第 6 期。
② 参见李永晖：《四川保路运动及对它的几点历史思考》，载《文史杂志》2017 年第 6 期。

七、民国时期的公司立法

水土不服的《公司律》

近代最早的公司立法，是清廷商部1904年颁布的《公司律》。《公司律》颁布的时候，商部也才成立半年多，可见制定时间之仓促。公司制度是舶来品，《公司律》在制定的时候主要是翻译照搬外国的法律，其中也存在许多规定模糊的地方。同时，《公司律》中较少对中国传统商业行为进行规范和保护，本国商人从而难以有效配合。清政府初次进行的经济立法工作因为“移植性”太强而难以顺利植入中国社会。[①]

《公司律》制定仓促，和国情不符，实施中阻力极大，政府官员不肯放弃权力，也时常带头违反。以轮船招商局为例，在《公司律》实施后，虽然公司在1909年实现了商办经营的注册，但是直到2011年年末，随着官方所派管理人员撤销，公司才摆脱了官方的直接干预；通过1912年至1914年的产权自卫和资产重组，轮船招商局最终才实现了完全商办。[②]

《公司律》的这种水土不服困境之后不断出现，最典型的莫过于破产法。

全国人大常委会早在1986年就制定了《企业破产法（试行）》，并在2006年通过了正式的《企业破产法》。但是，在企业破产法生效后30年间，真正的破产并不多，很多法院也没有设置专门的破产法庭。到了2016年，最高人民法院还专门发文，要求各地法院加强破产法庭的建设。[③]

从当时的数据来看，我国适用破产程序的案件数量不足美国的0.2%、西欧国家的1.16%。同时，我国2014年每千家公司进入破产程序的数量仅为

---

① 参见李秀清：《中国近代民商法的嚆矢——清末移植外国民商法述评》，载《法商研究（中南政法学院学报）》2001年第6期。

② 参见虞和平、吴鹏程：《清末民初轮船招商局改归商办与官商博弈》，载《历史研究》2018年第3期。

③ 最高人民法院《关于依法开展破产案件审理积极稳妥推进破产企业救治和清算工作的通知》（法〔2016〕169号）。

0.11 户，显著低于西欧平均 70 户的数量。[①] 之所以出现这种情况，和当时社会、经济制度不匹配有很大关系，比如说如何防止“假破产、真逃债”，再如说如何解决职工安置问题等。这些问题不解决，一破了之，那反而是不负责任。对此，时任国务院副总理的朱镕基同志在 1996 年的一次讲话中说：“请大家注意，企业职工安置是个前提条件，没有这个前提条件，企业怎么破产？谁敢破？我查遍所有文件，国务院还没有这方面的规定。因此，根据《企业破产法（试行）》来宣布企业破产，就必须在当地具备这个前提条件，就是有比较健全的社会保障体系，有基本生活费保障制度，才能够执行。”[②]

中国存在法律的水土不服问题，在外国也是如此。

1822 年，美国黑人移民在美国殖民协会的组织下，在西非海岸登陆，建立起定居点，这个移居地后来被称为“利比里亚”。1847 年，在美裔利比里亚人的主导下，利比里亚独立，成为非洲第一个共和国。利比里亚完全是仿效美国模式建立起来的，无论是政治制度还是生活方式，利比里亚都亦步亦趋地仿效美国，就连国旗图案都与美国如出一辙。利比里亚含义为“自由之邦”，面积比韩国还大，地理位置优越，资源丰富。具有讽刺意味的是，利比里亚并未像美国一样成为发达国家，而是陷入了旷日持久的内战，自由之邦的人民不仅未能享有自由和平等，连生命、安全、财产等最基本的人权都得不到保障。[③]

时至今日，利比里亚仍是世界最不发达国家之一，为农业国，粮食不能自给。[④]

忽视社会的现实性，照搬“先进”的法律或制度，任何时候都是有风险的。

---

① 参见谢玮、徐豪：《防范“灰犀牛”式风险的攻坚战　出清“僵尸企业”》，载《中国经济周刊》2017 年第 34 期。

② 朱镕基：《关于企业破产和资本重组问题（1996 年 8 月 20 日）》，载《朱镕基讲话实录》编辑组编：《朱镕基讲话实录》（第 2 卷），人民出版社 2011 年版。

③ 参见于红：《“自由之邦”的民族矛盾》，载《中国民族》2004 年第 5 期。

④ 《利比里亚国家概况》（最近更新时间：2021 年 8 月），载外交部网，https：//www. fmprc. gov. cn/web/gjhdq_ 676201/gj_ 676203/fz_ 677316/1206_ 677994/1206x0_ 677996/。

商事习惯调查和《公司条例》

对于《公司律》水土不服的问题，清廷显然也意识到了。

要想解决水土不服，就要知道本地的情况。因此，从 1907 年开始，官方和民间两个渠道的商事习惯调查大规模展开。民间渠道由各地商会主导，主要调查传统合伙方式和不成文的行业规则。这是中国商人作为一个阶层，第一次参与立法的重要工作。[①]

到了 1909 年年底，作为公司法草案的《商法调查案·公司律》已经形成，并在此基础上形成了《改订大清商律草案》（包括“商律总则”和“公司律”两部分）。就在这部法律草案提请资政院审议的时候，辛亥革命爆发，清王朝被推翻了。

辛亥革命以后，民国政府因“法律不备”，也亟须制定经济法规。经过对前清《改订大清商律草案》的审查和复核，农工商总长张謇认为内容完备，非常符合农工商部迫切的立法需要。在简单修改后，《公司条例》和《商人通例》在 1914 年先后颁布实施。[②]

由于《公司条例》未经立法程序，仅由农工商部拟定后以大总统令的形式颁布施行，因此不称“法”而称“条例”。[③]

在《公司条例》颁布实施后不久，奥匈帝国皇储弗朗茨·斐迪南大公被刺杀，引发了第一次世界大战。第一次世界大战期间，列强们无暇东顾，中国经济进入一个为期 10 年的黄金发展期，出现了荣氏兄弟的面粉面纱产业、状元张謇的大生纱厂、范旭东的永利制碱公司等著名企业，这些企业都采用了公司的形式。

1929 年和 1946 年的《公司法》

1927 年，南京国民政府成立。在北洋政府 1914 年《公司条例》的基础

---

① 参见郑定、春杨：《民事习惯及其法律意义——以中国近代民商事习惯调查为中心》，载《南京大学法律评论》2005 年第 1 期。

② 参见魏淑君：《中国近代公司法体系的奠基之作——1914 年〈公司条例〉述评》，载《理论学刊》2006 年第 12 期。

③ 参见魏淑君：《中国近代公司法体系的奠基之作——1914 年〈公司条例〉述评》，载《理论学刊》2006 年第 12 期。

上，参酌德、法等国公司法，南京国民政府于 1929 年制定并公布了《公司法》，在这部公司法中，企业的营利目的得到确认，这也是一部比较完整的近代中国公司立法。

抗战胜利后，国民党政府对 1929 年的《公司法》进行了修正，吸收了一些英美法的规定，出台了 1946 年《公司法》。这部公司法历经多次修改，目前仍在我国台湾地区实施。

从律到法

从《公司律》到《公司法》，也体现出法律用语的变化。

春秋战国的时候，各诸侯国法律称为“法”，法家在诸子百家中也占有重要地位。法家重要代表人物，曾在魏国主持变法的李悝集诸国之刑典，著有《法经》。唐朝长孙无忌认为，商鞅曾经“改法为律”。此说有人同意，有人反对，[①] 但一个事实是，秦汉以后，法一般指国家之基本方略、大政方针，例如“祖宗之法不可变”，普通法律则以“律”命名。例如，唐朝法律总称为“唐律”，明朝有《大明律》，清朝有《大清律》等。提供法律服务的人，因此得名为律师。

民国以后，法律逐渐以“法”命名，彼时律师已经定名，没有再变为“法师”的称号。

law 翻译为“法”，lawyer 自然应该翻译为“法师”，这更符合现在的语义。这样的话，就能看到“二法师当庭斗法”“法师协会督促法师提高服务水平”的新闻，不失为一桩乐事。

① 参见张鸿浩：《商鞅改法为律的历史功绩》，载《人民法院报》2019 年 6 月 21 日，第 5 版；宁全红：《“商鞅改法为律说”献疑》，载《南京大学法律评论》2011 年第 2 期。

律师和法师

八、香港公司法

买一家公司

要设立一家公司，总是个麻烦的事情，公司名字要申请、章程要准备，营业执照要申请，还要刻印章。如果能像成衣店一样，买上一件做好的公司，岂不是省了很多力气？

这个主意倒是不错，问题是，请问中国哪里有卖？

还真有地方卖，那就是香港特别行政区。在香港，买卖公司如家常便饭一般。有一些公司代理机构，常年销售已经开好的公司，而且价格也不贵，不到一万港元就能成交。当然，他们也不只是销售香港的公司，英属维尔京群岛（BVI）①、

① The British Virgin Islands，著名的离岸公司来源地，在海外上市所搭建的红筹架构中举目皆是。BVI位于大西洋和加勒比海之间，面积153平方千米，约有2.1万人。很多人常年和BVI公司打交道，但终其一生，从未到访。

开曼群岛、塞舌尔、百慕大等国家或地区的离岸公司[①]无所不有，欢迎惠顾。

香港《公司条例》

从时间上来看，香港地区的公司立法远早于清政府，始于 1865 年。这一年，香港通过了第一部《公司条例》，相关内容直接来源于英国 1862 年《股份公司法》。[②] 在 1997 年回归以前，香港在公司法改革方面一直跟随英国的脚步。如今，香港的公司法改革会对更多的经济体进行比较和借鉴，以确保香港能够紧跟国际标准，维护其保有的竞争力和健全的法律制度。[③]

香港现行《公司条例》于 2012 年通过，共有 921 条及 11 个附表。

香港公司法和内地公司法的一个重大的区别就是，香港的公司法是董事会中心主义。在香港，公司董事会权力很大，比如说可以决定增发股份，增补董事等，根据内地公司法，这些都是股东会不可剥夺的权力。

老千股

近年来，随着交往增多，我们也从英美公司法借鉴了很多东西，比如说我们现在习以为常的独立董事制度和董事会秘书制度，都来自英美法，但在价值观上，内地和香港的公司立法仍有较大差异。

总的来说，香港公司法是在商言商，讲究按照规矩办事，至于是否公平，则各安天命，这就导致了香港市场上颇具特色的老千股现象。按照香港联交所前行政总裁李小加的说法，老千股是指大股东不以做好上市公司业务来盈利，而主要通过玩弄财技和配股、供股与合股等融资方式损害小股东利益公

---

① 离岸公司（Offshore Corporation），指在当地注册，但不能在注册地经营的公司。著名的离岸公司注册地很多是前英属殖民地，这些地区基本上保留了英国的法律体系和司法制度。

② 参见何兰萍：《〈1865 年香港公司条例〉与近代外商在华公司制度之嬗变》，载《上海经济研究》2013 年第 4 期。

③ 参见黄志豪、Kris Li：《香港与内地公司法的现代化》，载微信公众号“金杜研究院”2016 年 1 月 21 日，https：//mp. weixin. qq. com/s？ src = 3&timestamp = 1663663703&ver = 1&signature = E96qK – vYeqJcrjWR – 6eKRMSBQ6Z0aQEFa6kvdl3K2WfOXksiYUcVMY ∗ PEky6DAp3HJxNspLhbiW9hEBt13mpy5wWvNgaMyTBPoMkOpdmtatJxe ∗ yJ5FiETjiTvTdZokxNOYS0bQ2XeDtivRcluegVQ = = 。

司的股票。

有人统计，香港股市上老千股数量超过1000家，某著名的老千股，20世纪90年代上市，复权后其历史最高股价为151，302.783港元，到2019年5月仅为0.061港元。也就是说，若在2000年高点买入15.13万港元的等额股票并持有，经过历次并股、供股等行为，19年之后，15.13万港元只剩下1股，价值6分。那么，钱都去哪里了呢？看看管理层高额的年薪就知道了。[①]

对于这种老千控股公司，监管机构却无可奈何，因为财报都是真实的，并不涉及造假。对此，时任香港联交所行政总裁的李小加在2016年曾评论说：

> 财务造假、内幕交易、操纵市场等是全球各大市场监管机构都严厉打击的行为，对于干这些坏事的人，大家都是深恶痛绝的。如果能够事先看出谁是坏人，相信没有一家监管机构不愿意挺身而出，

老千控股

① 参见熊德志：《“老千股”到底有多凶残》，载《证券时报》2019年6月4日，A03版。

遗憾的是，监管机构并没有孙悟空的火眼金睛，无法事先一眼识别出谁是好人谁是妖孽。

于是，对于如何防止坏人干坏事，不同市场采取了不同的监管哲学，一种监管哲学是假定所有人都有作恶的动机与可能，对各种融资行为都采取严苛的审批制度，通过事前盘查来筛除坏人；另一种监管哲学是假定绝大多数人都是遵纪守法的好人，从事正常的市场交易，监管者尽量不干涉市场自由，主要通过事中监察和事后追责来惩罚坏人。

前者的好处是可以将不少坏事扼杀在摇篮中，让坏人无法作恶。对于一个散户为主的市场来说，这样的监管理念可能是不二的选择。而对于一个机构投资者占主导地位的市场，现实情况是，再严厉的事前审查也无法完全杜绝所有违规（除非关闭整个市场），而过于严苛的审批必然会妨碍好人的自由、窒息正常的市场活动；而且，如果审查过程中赋予监管者过多的自由裁决空间，容易滋生腐败与寻租。

香港市场采取后一种监管哲学，其好处是保障了好人的自由，提高了资本市场的效率，当然代价是不能把坏人在事件未发生前、或立刻就挡在门外。这样的监管哲学不是推卸管制的责任，而是说管坏人的着眼点主要是强制披露责任、确保股东审批程序和加强事后违规检控，通过惩罚震慑违规。当然这样的监管理念与香港市场以机构投资者为主的这一市场结构息息相关。①

老千股在香港市场的流行并不是一种偶然现象，更是一种必然，它反映出市场监管机制下的过度放松带来的弊端，也或多或少体现了当地监管者在利益与人情面前的矛盾与尴尬。②

香港虽然有国际化的公司立法，但如果投资香港，一定要对老千股警钟

---

① 参见李小加：《关于“老千股”》，载《中国证券期货》2016 年第 9 期。

② 参见胡语文：《A 股“老千股”的两种典型手法》，载《股市动态分析》2016 年第 36 期。

长鸣。正如李小加的建议：任何市场都有好苹果、坏苹果，所有的监管者都希望祛除坏苹果，不要让它们影响好苹果。由于两地的监管理念、逻辑、文化不同，投资者应该注意其中的风险，不要轻信小道消息，尽量走大道，不要串小巷。

第三章　新中国早期公司实践

一、改革开放前的公司

■ 股份制公司的退出

新中国成立之初，中国的公司基本上是历史遗留下来的官僚资本企业与私营性质的企业。政府对于官僚资本企业进行了没收，使其转为国有企业，对于其余公司则仍允其继续存在和发展。为了加快建设步伐，政府在工业、商业、物资、外贸、交通等领域也组建了一批国营公司。①

1950 年 12 月，原政务院通过《私营企业暂行条例》（已失效），规定在国营经济领导之下，鼓励并扶助有利于国计民生的私营企业。② 根据该条例规定，公司分为无限公司、有限公司、两合公司、股份有限公司和股份两合公司五种。③ 后来在制定 1993 年公司法的时候，股东承担无限责任的公司不再保留，公司在中国就是有限公司和股份有限公司这两种类型。

1953 年，我国开始推行大规模社会主义改造。从 1955 年起，国家开始对资本主义工商业实行全行业公私合营。至 1956 年社会主义三大改造完成后，企业组织形式已经变为全民所有制和集体所有制两种形式，股份制也相应地退出了历史舞台。此后，企业基本上没有了公司的属性，完全成为各级行政机关的附属物。④

---

① 参见范健、王建文：《公司法》，法律出版社 2015 年版，第 34 页。

② 原《私营企业暂行条例》第 1 条。

③ 原《私营企业暂行条例》第 3 条。无限公司是指股东承担无限责任的公司，两合公司和股份两合公司是指一部分股东承担无限责任的公司。

④ 参见范健、王建文：《公司法》，法律出版社 2015 年版，第 34 页。

行政性公司

在计划经济体制之下，名为公司的企业虽然总数不多且有严格的行业限制，但还是存在一些的。当时，除工厂、总厂、经济联合体之外，企业组织形式还包括两种叫“公司”的企业：专业公司和联合公司。

专业公司是在商业、钢铁、纺织、建筑等行业建立的行业特色鲜明的公司。1962 年 5 月 5 日，国务院发布《关于商业部系统恢复和建立各级专业公司的决定》（已失效），商业部系统恢复和建立了各级专业公司，如五金机械公司、百货公司等。①

联合公司是由若干企业联合而组成的公司。1964 年，国家试办了十多家全国性工业联合公司，如中国烟草公司、中国医药工业公司等。这些所谓“公司”并非真正意义上的公司，而是更多地表现为经济活动的行政管理组织，其中有些公司甚至直接就是行使行政管理职能的政府部门。②

后来，在精简政府机构的过程中，也曾出现过将机关的行政局和处、室改为行政性公司的热潮。这些行政性公司都声称自己是企业，是以营利为目的的独立核算的生产经营单位，而其实却不是。③ 以武汉市为例，在 20 世纪 80 年代中期，全市有管理型公司 663 家，政企合一公司 140 家，这两类公司占全市公司总数的 32%。④

对于行政性公司，有人总结说：行政性公司是指兼有政府行政管理职能的公司，由政府部门出资设立。行政性公司集国有资产所有者职能、政府的经济管理职能、政府的部分社会管理和公共服务职能于一体，主要功能是批项目、分指标、分钱分物。⑤

在经济体制改革之中，根据“政企分开”的原则，大部分行政性公司转变为公司制企业。例如，在 1998 年政府机构改革的过程中，中央企业与政府

---

① 参见范健、王建文：《公司法》，法律出版社 2015 年版，第 35 页。
② 参见范健、王建文：《公司法》，法律出版社 2015 年版，第 35 页。
③ 参见佐牧：《行政性公司的成因、作用和消亡途径》，载《财贸经济》1989 年第 11 期。
④ 参见王峻岩：《论清理和整顿公司》，载《法学评论》1987 年第 5 期。
⑤ 参见启龙：《行政性公司》，载《中国核工业》1998 年第 2 期。

部门脱钩，归中央直接管理，其中有些企业原属行业内的行政性公司，在与行业主管部门脱钩后，把原行业主管部门的主要直属企业划归自己旗下，把原有的行政职能逐步转移出去，向经营性企业转变，如十大军工集团；有的则将行业内主要企业合并在一起，组建一个新的集团，如纺织机械行业组建的恒天集团，中国电子总公司组建的中国电子信息产业集团公司等。①

时至今日，一些具有行政管理职能的公司虽然数量已经不多，但有时仍可以看到，比如中国烟草总公司。中国烟草总公司成立于1982年1月，国家烟草专卖局于1984年1月设立，与中国烟草总公司“一套机构、两块牌子”。②

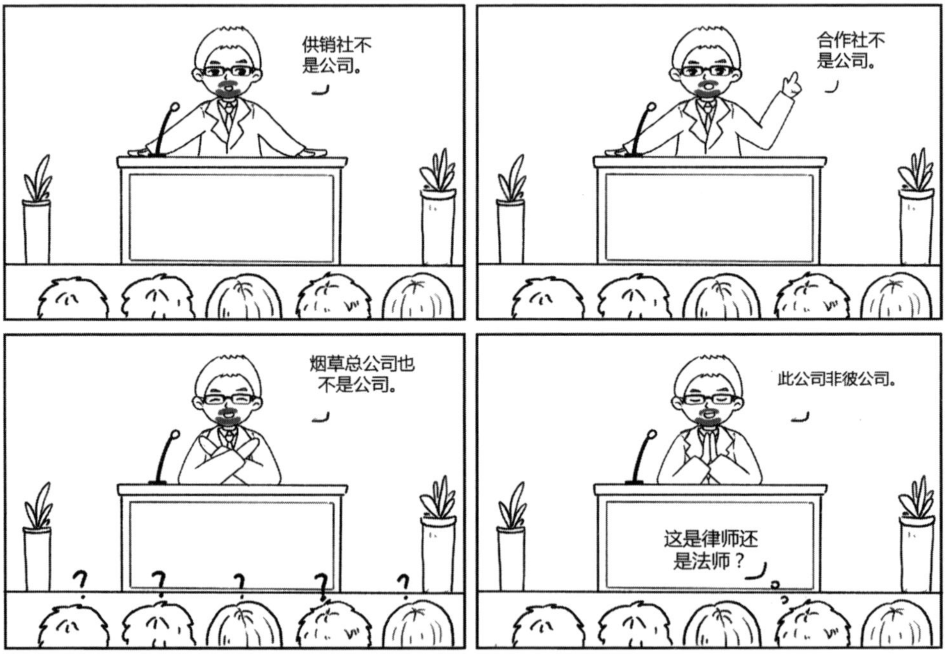

漫说公司

① 参见臧跃茹：《后行政性公司集团化经营面临的两种选择》，载《管理世界》2001年第3期。

② 参见《中国烟草概况》，载国家烟草专卖局网，http：//www. tobacco. gov. cn/gjyc/gkxx/202012/3525d1df961a4deda768db9db0034f70. shtml。

二、《中外合资经营企业法》

改革开放后最早的公司立法

1978 年党的十一届三中全会以后，中国开始进行改革开放。此时，股份制的公司制度在我国已经销声匿迹达 20 余年，整个社会对公司制度都已经十分陌生，法律制度更是一片空白。[①] 当时改革主要集中在农村领域，开放则着眼于吸引外资。

1979 年，全国人大通过了《中外合资经营企业法》，该法第 4 条第 1 款明确规定："合营企业的形式为有限责任公司。"《中外合资经营企业法》不仅是改革开放以后我国在外商投资领域的第一个立法，也是在公司领域的第一个立法。

从资金到资本

在 1979 年《中外合资经营企业法》中，使用了"注册资本"的概念。当时，在法律用语上，一般使用的是"资金"而不是"资本"。比如，在 1985 年公布的《公司登记管理暂行规定》中，使用的是"注册资金"的概念；在 1986 年公布的《民法通则》（已失效）中，使用的也是"资金"而非"资本"。

做生意要有"本"钱，将本求利，"资金"仅仅是钱的概念，体现不出"本"的含义，显然没有"资本"合适。后来，1993 年《公司法》使用了"资本"的概念，和《中外合资经营企业法》的首先使用不无关系。时至今日，还有人将"注册资本"写成"注册资金"，含义大家也都能理解，不至于像"定金"写成了"订金"，一字之差，老母鸡变鸭。[②]

---

① 参见虞政平：《公司法案例教学》（上），人民法院出版社 2018 年版，第 45 页。

② 定金是一种担保，简单来说，如果支付方违约，收款方可以没收定金；如果收款方违约，支付方有权要求对方双倍返还。订金一般被认为是预付款，不产生没收或者双倍返还的法律后果。

资本雄厚

被限制的个人

另外一个值得一提的是1979年《中外合资经营企业法》第1条的规定。根据该条规定，外国合营者可以是外国公司、企业和其他经济组织或个人，中国合营者则是中国的公司、企业或其他经济组织，中国合营者不包括个人（自然人）。

当时有学者解释说，因为我国是社会主义所有制，个人只能享有有限生产资料的所有权，不能作为合营的一方。①

这在当时不是问题，因为个人确实也没有什么财力来投资。很快，民营经济迅速发展，针对个人限制的争议也越来越大。如果个人成立的公司或者其他经济组织可以成为合营者，为什么个人本身反而不可以？

① 参见余东周：《从立法技术观点评述中外合资经营企业法》，载《社会科学战线》1980年第2期。

此后 30 多年间，《中外合资经营企业法》虽历经多次修正，但第 1 条雷打不动，对中方个人的限制一直没有放松。

在法律没有修改的情况下，浦东新区、北京、深圳、厦门等地方政府纷纷通过试点的方式放宽了对中方个人投资的限制。以北京为例，2004 年 2 月 15 日发布并实施的《改革市场准入制度优化经济发展环境若干意见》（已失效）第 26 条第 1 款规定："中国公民可与境外经济组织或者个人兴办合资、合作企业。"

2020 年 1 月 1 日，《外商投资法》开始实施，《中外合资经营企业法》同时废止，中外合资经营企业中对中方个人合资的限制正式宣告取消。

《中外合资经营企业法》不允许中方个人成为合营者，在一定程度上反映了当时对民营经济的怀疑和不信任。中外合资经营领域是这样，在国内投资方面也是如此。

三、从个体工商户到上市公司

从公务员到个体工商户

1988 年，王文京从公务员的岗位上辞职。他准备了 5 万元的启动资金，准备开设一家高科技企业来开发和销售财务软件。[①]

1988 年 12 月 6 日，王文京和伙伴去北京市海淀区工商局，申请设立一家科技公司，却被告知走错了门。根据当时的政策，高新技术企业，只能是国有和集体两种性质，因此个人无法申请。

"走错门"的王文京很不甘心，他转身走进了旁边的个体科。两个小时以后，他领到了一本个体工商户的执照，这就是"用友财务人员服务社"。[②]

从公务员变成了个体工商户，这个落差对王文京来说有点大。不过话说回来，对于王文京而言，要想把企业办在自己名下，除了个体工商户，似乎别无选择。[③]

① 参见迟宇宙：《王文京最真实的人生》，载《中国民营科技与经济》2008 年第 4 期。

② 参见武淳：《王文京：中关村私企第一人》，载《党建》2018 年第 8 期。

③ 在法律上，个体工商户是不是企业颇有争论。如果按照实质重于形式的原则，部分个体工商户为企业，并无疑问。

高科技茶叶蛋

■ 七上八下的个体工商户

我国个体工商户的历史源远流长。据统计，解放初期全国城乡存在大量个体工商户，人数接近3000万人，其中城镇个体工商户有700多万人，此时个体经济从数量上看占整个国民经济的近90%。随着我国实行社会主义改造，个体工商户纷纷走向合作化的道路。1978年年底，全国城乡只剩下14万个体工商户。①

1978年年底，大批知青开始回城，但是无法找到工作，处于待业状态，很多人不得不想办法自谋职业。个体工商户由于对资金需求不大，设立程序简单，经营灵活，成为当时自谋职业的方式之一。

1980年，中共中央工作会议提出的重要改革举措之一是："在公有制经济占绝对优势的条件下，允许城镇个体所有制经济的发展。"这是我国对个体经

① 参见黄波、魏伟：《个体工商户制度的存与废：国际经验启示与政策选择》，载《改革》2014年第4期。

济的最早认可，也是我国重新认识个体经济的起点。[①]

1986 年，原《民法通则》通过，并于 1987 年 1 月 1 日开始实施，该法明确了个体工商户的法律地位。1987 年，原《城乡个体工商户管理暂行条例》由国务院发布并实施。这两部法律、法规规定的虽然不是很细致，但个体工商户总算有了正式的法律依据。

个体工商户在当时基本以传统行业为主，如修皮鞋、卖服装、开杂货店等，像用友这样的科技企业少之又少。如果真的要把企业做大，除了名头不太好听，个体工商户还面临很大的法律障碍，其中之一就是从业人员的数量限制，而这个限制和《资本论》的一段内容还有点关系。

事情是这样的，按照马克思的计算，在当时（19 世纪中叶），雇工 8 人以下，自己也和工人一样直接参加生产过程的，是“介于资本家和工人之间的中间人物，成了小业主”，而超过 8 人，则开始“占有工人的剩余价值”，便是资本家。[②]

当然，《资本论》毕竟不是法律，依照《资本论》内容去处罚别人也不太合适，但原《城乡个体工商户管理暂行条例》第 4 条第 2 款的规定似乎正好符合《资本论》的论述：“个体工商户可以根据经营情况请一、二个帮手；有技术的个体工商户可以带三、五个学徒。”最多请 2 个帮手，带 5 个学徒，正好 7 个人，于是“七上八下”标准应运而生，个体工商户雇工人数最多 7 个人。

1988 年，国务院发布了原《私营企业暂行条例》，明确规定“私营企业是指企业资产属于私人所有，雇工八人以上的营利性的经济组织”，依然按照雇工人数区分个体工商户和私营企业。[③]

原《城乡个体工商户管理暂行条例》虽然是“暂行”性质，但也实施了 20 多年。2011 年，国务院制定和颁布了原《个体工商户条例》，个体工商户

---

① 参见马建堂：《社会主义基本经济制度是党和人民的伟大创造》，载《经济日报》2020 年 1 月 2 日，第 9 版。

② 参见李仁平：《“16 字方针”结束雇工“七上八下”争论》，载《中华工商时报》2018 年 10 月 10 日，第 4 版。对于雇工人数不能超过 8 人的观点，也有人认为是对马克思观点的误读，参见李友根：《论个体工商户制度的存与废——兼及中国特色制度的理论解读》，载《法律科学（西北政法大学学报）》2010 年第 4 期。

③ 参见马特：《法律上的个体户》，载《方圆》2016 年第 8 期。

管理不再暂行，“七上八下”的标准也被取消。

现在，个体工商户因其实际的税负优势，不仅不再被人瞧不起，而且得到极大发展。2021 年年底，我国市场主体总数超过 1.5 亿户，其中个体工商户 1.03 亿户，占各类市场主体总量的 2/3 多。①

从个体工商户到高科技上市公司

王文京不知道的是，当时已经开始了私营企业试点，不过不是在海淀区，而是在东城区。

到了 1990 年，海淀区的政策也放开了，王文京的个体工商户转为私营企业。1993 年，用友拿到了私营高新技术企业牌照，编号“SY0001”，意为“私营 0001”号，王文京也被称为中关村私企第一人。② 2001 年 5 月，用友作为国内最大的财务软件企业成功上市，是国内第一家上市的民营高科技公司。

用友成功上市，一方面得益于公司的成功经营；另一方面也和王文京最初选择注册个体工商户有关。从个体工商户到私营企业，再到股份公司，不管这是深思熟虑的结果还是纯属运气爆棚，这种做法使得用友的股权一直保持清晰，资产归属并无任何争议。

这听起来好像是正确的废话。王文京也好，张三也好，李四也好，谁开办的企业就是谁的，这不是一个常识吗？

还真不是。在当时，由于企业注册和经营上的诸多限制，很多企业是所谓戴“红帽子”的企业，比如万科。

四、“红帽子”公司

中国现代公司元年

1984 年 10 月，中共中央通过了《关于经济体制改革的决定》，提出“实

---

① 参见林丽鹂：《激发市场活力　支持市场主体发展》，载《人民日报》2022 年 1 月 28 日，第 4 版。

② 参见武淳：《王文京：中关村私企第一人》，载《党建》2018 年第 8 期。

行国家、集体、个人一起上”的方针。[①] 很快，全国范围内就掀起了全民经商的热潮，各种名目的公司和非公司企业如雨后春笋般开遍了全国。万科、海尔、TCL、联想、科龙、四通、德力西、健力宝等，都诞生于或溯源至这一年。[②]

1984 年，被称为“中国现代公司元年”。[③]

红帽子万科

南国春来早。

1984 年 1 月 24 日，正在欢快地倒卖玉米的王石骑着自行车途经深圳国贸大厦，突然看到很多警车、警察和聚集的人群，一打听，原来是邓小平到大厦顶层俯瞰特区全貌，公安局正在清理现场。他在后来回忆说：“我好像感到干大事情的时候到了。”5 月，“深圳现代科教仪器展销中心”注册成立，这便是万科的前身，王石当上了经理。[④]

王石是展销中心的经理，但是展销中心却是一家国营企业，上级单位是深圳特发集团。这在当时很普遍，个人出资，企业挂靠在国有或者集体企业之下，俗称“戴帽子”，这些企业被称为“红帽子企业”。[⑤]

“红帽子企业”曾在中国一段时期内大量出现。1989 年，中国社会科学院经济研究所承担世界银行委托的中国乡镇工业课题时，曾对江苏、浙江、广东等乡镇企业发展快的省市进行访问调查，发现调查户中 1/3 以上的企业

---

① 中共中央《关于经济体制改革的决定》第 8 条。

② 参见吴晓波：《激荡三十年：中国企业 1978—2008》（下），中信出版社 2017 年版，第 158—181 页。

③ 参见王新业、苏贝等：《1984～2014 中国企业“三十而励”》，载《中国品牌》2014 年第 6 期。

④ 参见吴晓波：《激荡三十年：中国企业 1978—2008》（下），中信出版社 2017 年版，第 160 页。另参见王石、缪川：《道路与梦想——我与万科 20 年》，中信出版社 2006 年版，第 11—27 页。

⑤ “红帽子企业”是一种约定俗成的叫法，在媒体上广泛使用，例如陈凤娥、蔺玉堂：《邯郸四百二十家私企将摘“红帽子”》，载《光明日报》2000 年 3 月 28 日，Z05 版；《浙江台州：脱下“红帽子”创新股份制》，载澎湃新闻 2018 年 10 月 19 日，https：//www. thepaper. cn/newsDetail_ forward_ 2544231。

是挂乡镇企业牌子的私人企业。①

究其根源，“红帽子企业”是在所有制歧视状态下被迫采取的无奈手段。因为私人经济发展中的特殊环境和各种非常规阻碍，大部分私人企业选择挂靠在公有制企业之下，用“红帽子企业”的形式重新出现。这种挂靠政府单位“打政策擦边球”的做法，虽为民营经济的发展留下了空间，但同时也给日后的产权纠纷埋下了深深的隐患。②

对于这一段历史，王石后来总结说：没有“红帽子”，发展就没那么快；没有“红帽子”，发展大了更麻烦。③

企业戴上“帽子”后，不仅得以顺利成立，还可以利用被挂靠企业的身份和资源，经营起来自然方便许多。

在某个以民营经济发达而著称的地区，税务局一个处长说，每年年检时，经常有许多人反映，有几千万资产的某某私企老板为什么不交个人所得税？税务部门一去查，人家戴着“红帽子”，没办法，无获而归。④

世界上没有免费的午餐。既然戴上了“帽子”，就不免要受“帽子”指挥，王石很快就要承受这种代价。

1985 年，因自有外汇资金的使用方向问题，展销中心和深圳特发集团产生了重大的分歧。⑤

股份制脱帽

1986 年，深圳出台了国营企业股份化试点的规定，王石准备借助股份制来“脱帽”。这时候，万科是谁的，成了一个难题。政府承认没有投钱给万科，但是万科在经营中也借助了政府的资源，所以企业的产权就处于一个含

① 参见戴园晨：《迂回曲折的民营经济发展之路——“红帽子”企业》，载《南方经济》2005 年第 7 期。

② 参见郭凌孜：《浅析“红帽子”的企业产权纠纷问题》，载《法制与社会》2017 年第 11 期。另参见裴广川：《试论“红帽子”企业的法律地位》，载《中央政法管理干部学院学报》1996 年第 5 期。

③ 参见丁爱波：《商人王石的乌托邦》，载《齐鲁周刊》2017 年第 31 期。

④ 参见陈晓虎、李亚彪：《民营企业为什么要戴“帽子”》，载《中国乡镇企业技术市场》2022 年第 9 期。

⑤ 参见《发展历程：1985》，载万科官网，https：//www. vanke. com/about/history。

糊的状态。

既然国家和职工都有贡献，所以王石的心理价位是5∶5，他在向深圳市领导报告时说：“从法律上看，公司持国营牌照，风险由国家承担，但从资金投入的角度看，国家却没投一分钱，说全是国家的也不合适，因为资产是我和员工们赤手空拳做起来的。既然如此，五五分成如何？”经过协商和各种波折，最后万科按照国家、职工6∶4的比例进行了分配。①

1988年，万科完成了股份制改造。1989年，万科上市招股顺利完成，第一届股东大会召开，由王石等11人组成了第一届董事会。

古怪的帽子

2000年，深圳特发集团将持有的万科股票转让给华润，王石特地在网上发了一篇帖子，向深圳特发集团告别：

① 参见王石、缪川：《道路与梦想——我与万科20年》，中信出版社2006年版，第56页。

1984 年成立的万科，开始同母公司还相安无事，只是 1985 年因母公司欲强行调万科账号上的 800 万美元，开始了控制和反控制的明争暗斗，一直持续到 1999 年。记得 1988 年万科欲进行股份化时，深特发的董事长说：你就是孙悟空也跳不出我如来佛的手心。万科如常进行了股份化，说上述话的董事长却因经济问题辞职了。万科不是孙悟空，却感到一只无形的手掌摊在下面，随时可能收拢。在第 16 年头，万科总算彻底脱离深特发。

本来一肚子的牢骚，在脱离的昨天却瞬时消失全无。回想风风雨雨，面对深特发大厦，默念着：再见了，老东家！①

除了万科，联化科技、森源电气、亚厦股份、爱仕达、闽发铝业等上市公司在上市前也是“红帽子”公司。和万科一样，不管顺利也罢，波折也罢，经过改制，这些公司最终明晰了产权，顺利摘掉了“帽子”，变成了现代化、规范化的股份制企业。

五、股份制开始了

新中国第一股

就在万科进行股份制改造的时候，中国已经有了自己的第一家股份制企业。但是，到底谁是新中国第一股，观点则颇有不同，上市公司中国宝安和飞乐音响均称自己为中国第一股。②

1983 年 7 月，宝安县联合投资公司（中国宝安前身）设立，并在《深圳特区报》上刊登招股启事：欢迎省内外国营集体单位、农村社队和个人（包括华侨、港澳同胞）投资入股，每股人民币 10 元。实行入股自愿，退股自由，保本付息，盈利分红。

---

① 魏昕、王敏：《王石：资本与理想共舞》，载《资本市场》2016 年第 Z1 期。

② 发行第一股的企业和第一个股份制企业，含义也有所不同。如果单纯从发行股票时间来看，成都工业展销信托公司 1980 年 12 月即发行了股票，在所有公司之前。如果包括所有企业的话，江苏射阳县供销社 1964—1979 年公开发行的股票后面就有逐年发红利的记录，似乎可以笑傲江湖。

1984 年 11 月，飞乐音响委托中国工商银行上海分行静安营业部首次向社会公开发行 1 万股，每股面值 50 元的股票，这也是新中国成立以来金融机构第一次发行股票。

1986 年 11 月，纽约证券交易所总裁约翰·范尔森访华，时任中国人民银行行长的陈慕华代表中方领导将一张绿色的飞乐音响股票作为礼物赠送给他，让飞乐音响为大众所知，很多人也认为飞乐音响是中国第一股。① 但在中国宝安看来，自己早在一年前已经公开招股，自己才是中国第一股。②

当时股份制刚刚起步，大家对股票这种东西还很陌生。为了吸引认购方，无论是中国宝安发行的“股金证”，还是飞乐音响发行的“股票”，不仅承诺支付利息，还能退股，在性质上似乎更像是债券，和现在的股票有比较明显的差异。

第一股

① 参见张赛男、杜薇：《对话秦其斌：新中国第一家股份制企业飞乐音响诞生的台前幕后》，载《21 世纪经济报道》2020 年 11 月 21 日，第 6 版。

② 根据中国宝安官网介绍，中国宝安在资本市场上曾连创成立新中国第一家股份制企业，发行新中国第一张股票、第一张可转换债券、第一张中长期认股权证等九项新中国第一，http：//www.chinabaoan.com/guanyujituan/jituanjianjie/。

股份制的法律配套

新中国的股份制启动了，但是我国关于公司管理的法律基本还是空白的。飞乐音响首任董事长秦其斌在采访中说，当时各种制度都没有配套，想登记为公司还需要有局一级的批文。①

秦其斌对此评价说："一个'公司'的称谓引来了一场很大的误会，竟然成为观念上、制度上的碰撞点。现在想来，这是改革初期的系统工程存在不配套、不匹配的问题。讲得自大一点，或许是我们当时跑得太快太突然，大家方方面面没准备好。"②

到了 1985 年，原工商总局终于公布了经国务院批准的《公司登记管理暂行规定》。在 1986 年《民法通则》中，第三章规定了联营，虽然没有使用"公司"的概念，但从性质上看和后来的有限公司相差无几。③

1986 年 12 月，国务院发布了《关于深化企业改革增强企业活力的若干规定》，要求推广股份制。④

1990 年，深圳证券交易所和上海证券交易所均开始营业。1990 年 5 月，深圳出现了股票热，中央派出了调查组，对深圳股市开始进行调控。1990 年 10 月，深圳禁止处级以上党政干部买卖股票，⑤ 据说出现了处长羡慕科长职位的有趣现象。几个月后，深圳股市掉头向下，开始暴跌，并在 1991 年 4 月 22 日创出了一个绝无仅有的历史纪录：当天成交量为 0。

中国股市跌宕起伏的历程，就此开始。

---

① 参见张赛男：《对话秦其斌：新中国第一家股份制企业飞乐音响诞生的台前幕后》，载《21 世纪经济报道》2020 年 11 月 23 日。

② 参见张赛男：《对话秦其斌：新中国第一家股份制企业飞乐音响诞生的台前幕后》，载《21 世纪经济报道》2020 年 11 月 23 日。

③ 1986 年《民法通则》（已失效）第 51 条规定：企业之间或者企业、事业单位之间联营，组成新的经济实体，独立承担民事责任、具备法人条件的，经主管机关核准登记，取得法人资格。

④ 《关于深化企业改革增强企业活力的若干规定》（已失效）第 2 条规定：各地可以选择少数有条件的全民所有制大中型企业，进行股份制试点。企业之间互相投资，或联合投资新建企业，一般宜采取股份制形式。

⑤ 参见陆一：《领导干部不准炒股的由来　2001 年才被废除》，载新浪财经，http：//finance. sina. com. cn/stock/t/20100524/01357987979. shtml。

六、非上市股份公司

非上市股份公司

在股份公司中，上市公司只占一小部分，大部分股份公司是非上市的。

股份公司和有限公司相比，有一个显著的特点，就是其“资合性”。股份公司只谈钱，不讲感情。另外，在股东层面，股份公司讲究的是“同股同权”：每一股份的权利都是相同的。[①] 为了方便大家投资和交易，股份均分为若干股，计算方便，买卖自由。在日本和韩国，股份公司被称为“株式会社”，单从字面来看，公司如一片森林，分成一株一株的树木，颇为形象。

股份公司这种制度设计，契合了企业的融资需要和民众的投资需求，因此在西方，特别是英美法系国家，股份公司是占主导地位的公司形式。但是，在中国，除了上市公司，股份公司和有限公司相比并不占主流地位。

对于企业家来讲，设立股份公司，意味着股东的多变，意味着自己的管理受监督。如果不是为了上市这个更大的目的，谁愿意让自己有太多的束缚呢？公司如果准备上市，自然会按照要求改制成股份公司。但是，如果上市目的落空，股份公司立马会改制回有限公司。

对于社会投资者来说，我把钱换成了一张纸，我凭什么信得过你？虽说股份能够转让，但是也要到公司去办理各种手续，实属烦琐。

在这种情况下，要想让股份公司制度得到发展，就需要第三方出面，为股份公司的股份转让、信息披露等提供一个方便、可信的场所。对于上市公司来讲，这个场所就是证券交易所。对于非上市股份公司来说，目前可选择的主要有新三板和四板市场。

新三板

2000 年，为了解决主板市场退市公司与两个停止交易的法人股市场公司

① 后来，我国引进了优先股的制度，就变成了在同一类型股份中，每一股的股份权利是相同的。科创板设立后，允许符合条件的企业进行差异化表决安排。2020 年，同股不同权的上市公司首现科创板。

的股份转让问题，中国证券业协会出面，协调部分证券公司设立了代办股份转让系统。因为业内一般称“主板”为“一板”，“创业板”为“二板”，所以这个股份转让系统得名为“三板”。

以美国为例，纽约证券交易所是一板市场，纳斯达克是二板市场，OTCBB[①] 则为三板市场。

三板挂牌的股票不但品种少，而且质量还低，要转到主板上市难度也很大，因此很难吸引投资者，多年来一直被冷落。

2006 年，中关村科技园区非上市股份有限公司股份报价转让系统正式推出，这是专门为国家级高新技术园区的高科技和创新型企业服务的股份交易和融资平台。为了和原来的代办股份转让系统相区别，新推出的系统就命名为“新三板”，老的系统则变成了“老三板”。

2013 年年底，国务院决定通过非上市股份公司，解决中小微企业融资难的问题，承接这一任务的就是新三板。新三板时来运转，截至 2020 年年末，存量挂牌公司就有 8000 多家。

当然，不管是新三板还是老三板，和上海、深圳两个证券交易所相比，各方面差距明显。由于挂牌条件不高，虽然短时间内有了很多企业，但是普遍交易量稀少，且融资功能有限。为了解决多而不精的问题，2020 年 7 月 27 日，新三板正式设立精选层并开市交易。

四板

新三板是全国性的股份转让系统，除此之外，我国还存在很多区域性的股权交易市场，这些市场比新三板更低一级，因此也称为“四板”。

2008 年 9 月，天津股权交易所挂牌成立，四板市场宣告诞生。至 2019 年 7 月，证监会已公示了全国各地区 34 家区域性股权交易中心，如上海股权托管交易中心、广州股权交易中心、海峡股权交易中心等。

四板市场是区域性的，和新三板相比，交易更加不活跃，大多数四板市

① OTCBB，Over the Counter Bulletin Board，中文意思为“柜台交易行情公告榜”。OTCBB 是场外交易，和证券交易所的场内交易区别明显。

场处于几乎没有交易的状况。以 2019 年数据为例，该年年底四板市场共有挂牌股份公司 1.4 万余家，其中有流通股的接近 1 万家，但全年交易总共也才 1895 笔，平均每家市场有流通股的挂牌公司成交仅 0.2 笔。在全部 34 家交易中心中，16 家 0 交易，15 家交易笔数不超过 100 笔。交易过度清淡导致投资者望而却步，挂牌企业股权融资困难重重。①

北京证券交易所

新三板和四板市场发展到今天，流动性已经成为最大的“瓶颈”。而流动性差，表明社会资本对挂牌企业根本就不信任。不管企业家说的有多好，多真诚，总有人相信，挂牌企业如果经营得好，会把利润藏起来或者转移走，不会让投资者坐享其成。

社会资本的抛弃，使企业要不选择有限公司的形式闷头发财，要不努努力，把企业搞上市。新三板从一开始的“挂牌热”到后来的“摘牌潮”，恰恰说明了这一点。②

2021 年 9 月 3 日，北京证券交易所有限责任公司（北交所）成立。股东为全国中小企业股份转让系统有限责任公司，该公司也是新三板的运营机构，持股比例 100%。11 月 15 日，北交所正式开市，81 家中小企业成为首批上市公司，其中 71 家为新三板精选层公司，10 家为新上市公司。

2022 年 5 月 25 日，北交所上市公司观典防务转板至上交所科创板上市交易，意味新三板基础层、新三板创新层、北交所、上交所/深交所层层递进的市场结构已经形成。

截至 2022 年 7 月底，北交所上市公司达 104 家，总市值 1888 亿元，合格投资者数量近 510 万户，日均成交近 11 亿元。③

---

① 参见中国证券业协会“进一步发挥区域性股权市场作用”课题组：《区域性股权市场服务中小微企业的现状、问题与建议》，载中国证券业协会编：《创新与发展：中国证券业 2020 年论文集》，中国财经出版传媒集团、中国财政经济出版社 2021 年版。

② 新三板挂牌企业最高峰超过 1 万家，但 2019 年摘牌企业就有近 2000 家。根据《北交所、新三板 2021 年市场改革发展报告》，2021 年年底新三板挂牌公司 6932 家。

③ 参见祝惠春：《北交所进入战略发展窗口期》，载《经济日报》2022 年 8 月 11 日，第 7 版。

曲折之路

随着新三板改革的深化和北交所的设立，新三板的市场活力也显著增加。2021 年，新三板做市总成交额比上一年增加 38.3%。

随着北交所的设立和新三板成交的活跃，新三板对非上市股份公司的吸引力无疑将大大增加。

七、“乡”气扑鼻的股份公司

■ 社区股份合作公司

好多年前，在我刚刚从事律师职业的时候，有一次看到了一个奇怪的公司名字——“蛇口渔二”，全名叫“深圳市蛇口渔二实业股份有限公司”。当时我想，渔二渔二，这是什么意思？难道还有蛇口渔一？

还真的有。蛇口渔一实业股份有限公司成立于 1986 年，蛇口渔二实业股份有限公司成立于 1990 年，是颇具中国特色的“社区股份合作公司”。因为这些公司是由行政村或者村民小组改组设立，而村又是合作经济组织，所以称为股份合作公司。蛇口渔一就是从渔一村演变而来，蛇口渔二从渔二村演变而来，股东也是原来的村民。①

截至 2018 年年底，深圳市共有社区股份合作公司 1045 家，公司股民近 30 万人，总资产超过 1500 亿元。②

■ 农村城市化

社区股份合作公司是农村城市化的产物。③

以深圳市为例，从 1980 年到 1990 年，深圳城市化得到了飞速的发展，深圳原特区内的农村土地基本被政府统征。2003 年，深圳全面进行农村城市化改造，镇改为街道，行政村改为社区（村民委员会成为居民委员会），自然村改为居民小组。2004 年年底，原特区外 27 万农民办理了“农转非”。从此，深圳市内不再有农村和农民，特区内外逐渐实现一体化。④

在农村城市化过程中，农民失去了土地，必须要有新的生活来源，政府给村民委员会和村民小组划定了一部分红线用地，用于村民自建房和集体经济用地，规定土地产权属于国家，使用权属于村民委员会和村民小组。于是，集体经济组织就在性质是国有，但是又是集体保留的用地上建了大量物业（主要是工厂厂房和商铺），通过物业出租获得经济收入，集体农业经济转变成了集体物业经济，集体物业经济收入成为原村民新的生活来源。⑤

■ 村改公司

城市化以后，村委会变成了居委会，但是由此也衍生出一个问题，那就

---

① 根据当时的政策，社区股份合作公司股份分为集体股、合作股、募集股三部分，实际上能享受权益的只有村民。

② 参见彭佳、陈敏汉：《深圳股份合作公司改革发展的现实困境与破解之策——探索“股份合作制”向“股份制”转变的宝安模式》，载《决策与信息》2020 年第 2 期。

③ 农村最早的股份合作企业在 20 世纪 80 年代就出现了，这些企业更接近于合作社，和现在的股份合作公司有较大差异。

④ 参见黎宛宜、石乘齐：《社区股份合作公司转型发展探究》，载《技术与市场》2022 年第 1 期。

⑤ 参见张臻、唐璇等：《盐田社区股份合作公司股权改革的先行示范探索》，载《特区实践与理论》2021 年第 2 期。

是如何处理村集体财产。

在法律上，村是一个集体经济组织，这在1986年原《民法通则》中已经有所规定。[①] 在当时，虽然村集体经济组织在法律上是否为法人不无争论，但是作为一个权利主体则没有任何疑问。

居委会是居民自我管理、自我教育、自我服务的基层群众性自治组织，不是一个集体经济组织。[②] 无论是从所有权角度，还是从集体决策角度，居委会都不适宜承接村集体经济组织的集体财产，而转成社区股份公司既可以解决财产归属问题，也能通过股东来集体决策。这样，社区股份公司应运而生，而且逐渐发扬光大。

■ 公司其实还是村

社区股份合作公司虽然名为“股份公司”，但脱胎于农村集体经济组织，和现代企业制度还有很大的差距，最主要的就是公司股份没有流动性。股东在公司的股份捆绑在一起，无法转让，也不能通过其他方式流通。更加雪上加霜的是，股份合作公司股东已经固化，实行“生不增、死不减”的政策。新出生的村民无法享受股份合作公司的红利，而老的村民即使去世，股东身份仍然存在，其子女享受分红，但无法行使投票权。

随着时间的推移，深圳全市已去世股民达到3万多人，股东队伍实际缺额达10%，一直没有补充。许多社区股份合作公司因过世股东太多，已经无法召开符合法定人数的股东大会，严重影响社区股份合作公司的正常经营。[③]

在这种模式下，社区股份合作公司与其说是公司，不如说还是村集体。公司股东一人一票，大部分人只关心分红，所以很多公司分红总量达到利润

---

① 1986年原《民法通则》第74条第2款规定：“集体所有的土地依照法律属于村农民集体所有，由村农业生产合作社等农业集体经济组织或者村民委员会经营、管理。已经属于乡（镇）农民集体经济组织所有的，可以属于乡（镇）农民集体所有。”根据现行《民法典》第100条的规定，农村集体经济组织为特别法人。

② 《城市居民委员会组织法》第2条第1款规定：“居民委员会是居民自我管理、自我教育、自我服务的基层群众性自治组织。”

③ 参见张臻、唐璇等：《盐田社区股份合作公司股权改革的先行示范探索》，载《特区实践与理论》2021年第2期。

的90%，多数公司以生活补贴、补助金等形式超额发放分红，甚至出现了寅吃卯粮式的分红：公司没钱，贷款分红、卖楼卖地分红、挪用合作开发定金分红等。①

在这种理念下，公司要想发展，谈何容易。问题是，逆水行舟，不进则退，股份合作公司的集体物业很多已经老旧，这种吃老本的经营还能持续多久，实在不能不让人产生疑问。

2019年，《深圳经济特区股份合作公司条例》进行了修正，明确股份合作公司股份可以转让并完善了公司的内部治理结构。但是，具有鲜明集体合作特征的股份合作公司毕竟已经存在了三十多年，利益关联方如此之多，要想完全转变为公司法上的公司，尚需各方继续努力。

谁是傻瓜

① 参见张臻、唐璇等：《盐田社区股份合作公司股权改革的先行示范探索》，载《特区实践与理论》2021年第2期。

八、管理层持股

引人同情的罪犯

1999 年 1 月，云南省高级人民法院以贪污罪和巨额财产来源不明罪，判处褚时健无期徒刑。[①]

褚时健的案件在当时引起了巨大的关注。从犯罪事实来看，贪污金额高达 2870 万元，褚时健是主犯，另有价值人民币 403 万元和 62 万港元的财产来源不明。[②] 按照当时的量刑标准，他很可能被判处死刑。

然而，褚时健案在经济界引起了极大的同情浪潮。褚时健创利百亿元，其月薪却只有区区的 1000 元。褚时健自己算过一笔账，红塔每给国家创造 14 万元利税，自己只拿到 1 元钱的回报。[③]

“一个为民族工业做出如此巨大贡献的企业家，一年收入竟不如歌星登台唱一首歌！”在 1998 年年初的北京两会上，十多位企业界和学界的人大代表与政协委员联名为褚时健“喊冤”，呼吁“枪下留人”。[④]

最终，审理法院认定褚时健等人确实有历史贡献，但无论功劳多大，都不因此享有超越法律的特权，褚时健等人的历史表现反映出的主观方面的情节，可在量刑时酌情考虑。[⑤]

褚时健之所以被人们同情，在于他为企业做出了巨大的贡献，还创出了价值几百亿元的红塔山商标，但是个人所得与之相比完全不匹配。原因很简单：他不是公司股东，无法享受企业发展的红利。

失败的管理层收购

从管理层到股东，确实不是一件容易的事情。

---

① 参见云南省高级人民法院刑事判决书，（1998）云高刑初字第 1 号。

② 参见云南省高级人民法院刑事判决书，（1998）云高刑初字第 1 号。

③ 参见吴晓波：《激荡三十年：中国企业 1978—2008》（下），中信出版社 2017 年版，第 164 页。

④ 参见吴晓波：《他把最苦的人生种出了甜味》，载《财富生活》2019 年第 7 期。

⑤ 参见云南省高级人民法院刑事判决书，（1998）云高刑初字第 1 号。

1984年，借助洛杉矶奥运会，李经纬的健力宝一炮打响，被誉为东方魔水。1997年，健力宝的销量达到了70万吨，同年百事可乐销量只有50万吨。

因为上市等问题，李经纬和当地政府产生了巨大的矛盾。1999年，李经纬提出在公司内部实行员工股份合作制，由管理层自筹资金4.5亿元，买下政府所持有的股份。这份管理层收购的方案被政府否决。

2001年，当地政府决定出售健力宝，谁都可以竞买，李经纬团队不行。① 健力宝最后的成交价是3.3亿元，低于李经纬的出价。在2002年1月15日的那场签约仪式后，许多媒体都刊发了李经纬含恨望天的那张照片，让全中国为之动容。9天后，李经纬突发脑溢血，自此之后，一病不起。②

李经纬的噩运还没有完。2002年，李经纬因涉嫌贪污被控制。2011年，因用职工福利基金为5位公司领导购买商业保险，李经纬被认定犯贪污罪，判处有期徒刑15年，并没收个人财产15万元。③ 2013年4月22日，李经纬因病去世，享年74岁。

有评论者发出这样的疑问：如果财富的创造者与财富无缘，将置这个社会的公平和正义原则于何地？④

看到这里，再看王石的"没有红帽子，发展就没那么快；没有红帽子，发展大了更麻烦"，让人不胜唏嘘。

■ 职工持股和工会持股

管理层持股容易引发质疑，所以当时很多企业都改用了职工（员工）持股的方式。这其实还是老办法：吃大锅饭，大家根据级别、资历来分配股权，有责任一起扛。由于是集体股性质，而且人数众多，需要有一个载体，最常

---

① 参见吴晓波：《激荡三十年：中国企业1978—2008》（下），中信出版社2017年版，第256页。

② 参见魏雅华：《"健力宝"衰落谁之过》，载《企业研究》2016年第4期。另参见守国：《李经纬：强人还是罪人》，载《新经济杂志》2009年第10期。

③ 参见王荣利：《法律为什么忘不了李经纬》，载《法人》2011年第12期。

④ 值得一提的是，在李经纬的大力帮助下，体操王子李宁在遭遇1988年汉城奥运会的滑铁卢之后，创立了李宁体育用品公司。李宁在1993年以后将健力宝集团投资的1600万元全部归还，保证了产权的清晰。2004年，李宁公司在香港上市。在"2021新财富500富人榜"上，李宁以248.5亿元财富名列第180位。

见的是成立职工（员工）持股会或者用工会持股。

职工持股会是社团法人，在民政部门登记设立，而很多基层工会本身就是法人单位，可以直接用来持股。这种操作虽然在全国大规模铺开，但是很快面临很多无法解决的问题。

首先，社团法人是非营利性质的，用来持有公司股权显然和非营利的性质不符。2000 年，民政部认为职工持股会属于单位内部团体，不应再由民政部门登记管理，不再办理职工持股会的社团法人登记。

其次，对于工会来说，它的职责是保证职工利益，如果成为公司的股东，会和工会的职责相冲突。比如说，工会要为职工争取好的薪酬和福利待遇，但是作为股东，又要考虑节约企业的成本，这两个目标显然无法同时实现。

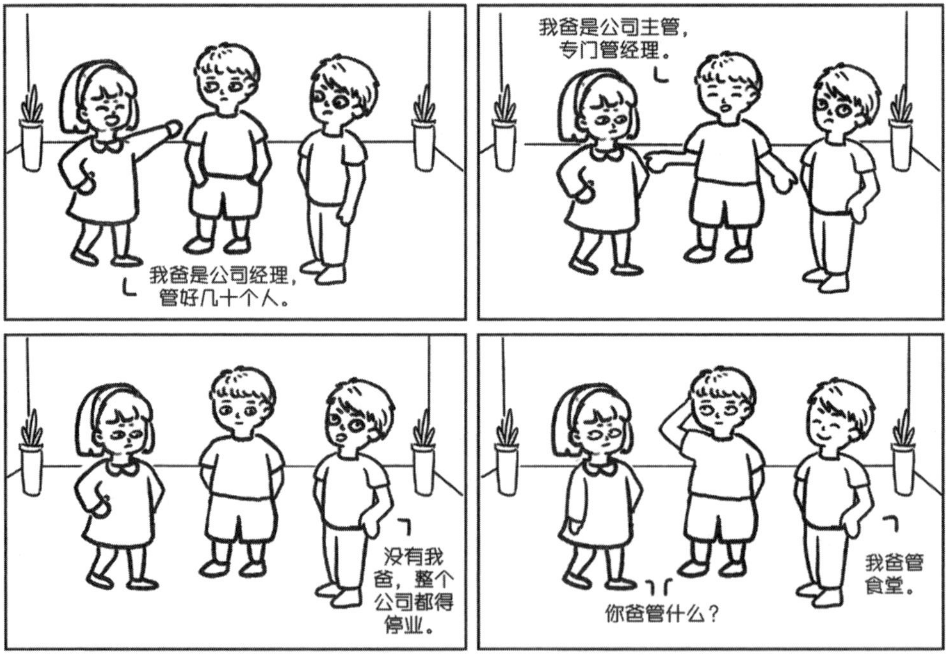

最牛主管

最后，无论是职工持股会持股，还是工会持股，都容易引发纠纷。员工有进有出，到底应该占有多少份额，在很多时候是说不清楚的一笔账。2020 年 4 月，万科企业股资产管理中心与清华大学教育基金会签署了捐赠协议，代表万科全体员工，将企业股资产管理中心的全部资产2亿股万科股票一次性捐赠给清华大学教育基金会。这笔超过50亿元的捐赠在获得一片赞誉之时，也引起了部分老员工的不满。[①] 究其根源，就在于职工集体持股产权不够清晰。

证监会说不行

往者不可谏，来者犹可追。

2000年12月，证监会法律部复函，不再接受职工持股会作为股东或者工会作为股东或发行人的上市申请。[②] 于是，有职工持股会或者工会股东的公司在上市之前纷纷进行清理，比如桂林三金在2001年将工会持有的股份进行了清理，柘中电器在2003年注销了职工持股会等。

由于法律和政策的变化，职工持股会和工会持股的方式已成为过去，除了历史遗留问题，职工持股一般采用有限合伙或者持股公司的方式进行。出资人通过有限合伙或者持股公司持股，权利和义务清晰，即使有争议也很容易判断谁是谁非。

---

① 参见郎松霖：《代表万科向清华大学豪捐53亿之后 王石深陷“捐赠门”》，载《中国经济周刊》2020年第9期。

② 《关于职工持股会及工会持股有关问题的法律意见》（法协字〔2002〕第115号）。

第四章　第一部公司法

一、公司法的出台

■ 无法可依的公司

中国的改革开放始于1978年，但第一部《公司法》直到1993年12月29日才通过，1994年7月1日开始实施。

《公司法》制定得比较晚，和当时的整体法律环境有关。

经过“十年浩劫”，当时国家法律极不完善，民商法更是付之阙如。党的十一届三中全会提出“有法可依，有法必依，执法必严，违法必究”的十六字方针，“有法可依”排在第一位，足以说明问题。

全国人大常委会和国务院都有一个共识，那就是要抓紧制定公司法。但是，尽管公司法起草工作从1983年就已经开始，此后近10年却并没有实质性的进展。[①]

在20世纪80年代，虽然没有专门的公司法，但是公司这种企业组织形式还是有的。随着我国改革开放从农村走向城市，从局部走向全面，公司数量逐渐增多，对国民经济的重要性也与日俱增。

---

① 参见刘俊海：《现代公司法》（上册），法律出版社2015年版，第60页。

■ 1992 年公司热

东方风来满眼春。邓小平同志 1992 年南方谈话，让中国真正掀起市场经济大潮，全国立即出现了一股前所未有的办公司热潮。

1992 年 2 月开始，北京市每个月新增公司数量就达到了 2000 家，是过去的 2—3 倍。1992 年 8 月 22 日，北京市全市库存的公司营业执照被一扫而光，北京市工商局不得不从天津市紧急调运了 1 万个公司营业执照，以解燃眉之急。①

借来的营业执照

大批在政府机构、科研院所的知识分子，纷纷主动下海创业，形成了以陈东升、田源、郭凡生、冯仑、王功权、潘石屹、易小迪等为代表的企业家，

① 参见吴晓波：《激荡三十年：中国企业 1978—2008》（上），中信出版社 2017 年版，第 345—346 页。

人称“九二派”。①

现代企业制度呼唤公司法，公司、股东和债权人利益的保护呼唤公司法，有序的市场秩序呼唤公司法。

公司法立法工作箭在弦上，不得不发。

公司法的出台

1993 年 11 月 14 日，中共中央《关于建立社会主义市场经济体制若干问题的决定》通过，决定建立社会主义市场经济体制，转换国有企业经营机制，建立现代企业制度，并明确国有企业实行公司制是建立现代企业制度的有益探索。

该决定使公司法的出台骤然加速。1993 年 12 月 29 日，《公司法（草案）》获得全国人大常委会的通过，这就是 1993 年《公司法》。

2023 年《公司法》，就是在 1993 年《公司法》基础上，历经 1999 年、2004 年、2005 年、2013 年、2018 年、2023 年等多次修改后形成的。

二、公司优生计划

注册资本要求

1993 年《公司法》的一个显著特征就是制定了详尽的“优生优育计划”。排在第一位的就是优生，严把出生端。

新生儿正常体重是 2.5—4 千克，公司的体重不论千克，论“万元”，数额越大越好。婴儿由父母负责抚养，公司则是由股东保证出资。

为了“生出”身体健康的公司，1993 年《公司法》对最低注册资本做了严格的要求：公司如果要进行生产经营，或者商品批发，最低注册资本是 50 万元；如果以商品零售为主，可以适当放宽到 30 万元起；如果公司是做科技开发、咨询、服务等业务，不需要很多钱来运营，要求可以再放宽一些，但

① 参见于靖园：《“九二派”：官员下海 20 年》，载《小康》2012 年第 7 期。

也不能少于 10 万元。

这个标准可是不低。

现在看起来，10 万元可能不算很多钱，但是在 1993 年，10 万元在很多城市足以买一套房。

这还只是有限责任公司的要求，要是股份有限公司，无论做什么业务，1000 万元起跳。上市公司都是股份有限公司，是高大上的代表。除了上市公司，以前在日常生活中很难见到其他的股份有限公司，和《公司法》的严格要求不无关系。

只规定最低金额，显然是不够的。优生怎么能只看金额，不看发育情况？所以，除了最低注册资本要求，1993 年《公司法》还要求注册资本在成立前就要足额到账，少一分钱都是“发育”不完全，拿不到“准生证”（营业执照）。

“准生证”

五种出资方式

对于这两项严格的要求，立法者显然认为还不够保险。除了身高、体重，还需要关注一下血糖、血脂、肝功能等生化指标。具体到公司出资，就是要对出资财产的方式和成分进行详细化验。

财产有很多种，但不是所有的财产都能用来出资。1993 年《公司法》规定，只有货币、实物、土地使用权、工业产权和非专利技术这五种类型的财产才能用来出资。

货币、实物、土地使用权都是响当当的“硬”财产，所以出资比例不受限制，但工业产权和非专利技术看起来就“软”了很多。

工业产权中，能用来出资的一般就是专利权和商标权。非专利技术，比如可口可乐的配方、中药保密处方、生产诀窍等，英语常称为“Know - How”，翻译过来是“知道为什么”或者“技术诀窍”，含义倒也差不多。

好的工业产权和非专利技术对于企业的生产经营至关重要，但也不乏滥竽充数的。问题在于，对于外人而言，好坏不太好区分，反映在估值上，就是可以宽幅调整。

如果监管不严格，一个商标可能被评估为 100 万元，也可能被评估为 1000 万元甚至 2000 万元，这和评估机构的胆量密切相关。现在监管严格了，但是要说一个商标有什么确定的客观价值也是强人所难。

这也难不倒立法者。1993 年《公司法》大笔一挥，不得超过注册资本的 20%。这是一个保底的逻辑：既然从源头上控制不住股东注水，但是要确保至少 80% 注册资本是硬资产。

一个体重 6 斤、身长 55 厘米、血糖、血脂、肝功能指标合格的“公司宝宝”诞生了。这个宝宝面色红润、哭声响亮，立法者表示很满意。但是，他们无暇庆祝。

众所周知，生得好不算好，养得好才是真正的好。除了优生，1993 年《公司法》还制定了完备的优育计划，保障公司的健康成长。

三、公司优育计划

根据 1993 年《公司法》，足斤足两、身体健康的“公司宝宝”出生了。

接下来的任务很重要，就是不能让股东随便把已经出资的资产抽走。道理很明显，如果股东把公司资产合法抽走，严把设立关就变得毫无意义。

禁止回购股票

第一个要管的，是禁止公司购买自己的股票。

禁止公司购买自己的股票历史悠久，早在 1887 年，英国上议院就通过判例的方式，确立了公司不得购买自己股票的原则。[①] 道理很简单，公司的出资来自股东，如果允许公司购买自己的股票，直接后果就是公司实缴资本的注水。

比如说，张三、李四二股东出资 100 万元设立 A 公司，持有公司 100 万股股票，A 公司注册资本 100 万元，实缴资本 100 万元。A 公司成立当天，决定花 99 万元购买张三、李四持有的本公司 99 万股股票。交易完成，A 公司持有自己公司 99% 的股票，A 公司注册资本仍然是 100 万元，实缴资本仍然是 100 万元，扣掉开办费用，公司实际资产不足 1 万元。

股东的 100 万元进公司绕了一圈儿，99 万元又回到了股东手里，但是变出来一个实缴资本 100 万元，实际资产不足 1 万元的公司。这种“挂羊头卖狗肉”的行为，当然是不被允许的。

因此，1993 年《公司法》就明确，除减资、公司合并等特殊情况外，公司不得收购本公司的股票。这个规定一直沿用到现在，只是增加了一些例外的规定，比如可以用于员工持股计划、维护市值等。

禁止不当分红

第二个要管的，是禁止股东通过分红掏空公司资产。股东通过分红，可以理直气壮地从公司拿钱，所以分红得有条件。

首先，公司没有盈利，就不能分红，这个大家都不会有异议。

其次，公司不能今年有钱今年分，分之前要把以前亏损的窟窿补上。例如，公司今年盈利 200 万元，以前年度亏损 100 万元，在分红之前要先把亏损的 100 万元补上。所以，公司今年能分配的利润最多就是 100 万元。

最后，在分红之前，法律还要求提取 10% 的法定公积金。提取法定公积

① See Trevor v. Whitworth（1887）.

金是一种立足长远的打算。公司今年从 100 万元盈利中提取 10 万元法定公积金，如果明年经营不太好，亏损了 10 万元，公司不能让股东把之前分的钱还回来，但是可以用这 10 万元来弥补亏损。就算以后不亏损，也可以给公司多留 10 万元用来扩大生产经营。

法定公积金可以促进公司的健康发展，也是对债权人的一种保障，但是提太多也没必要。所以，公司法就规定了一个限额，只要累计达到了公司注册资本的 50%，可以不再提取。

■ 法定公益金

1993 年《公司法》还规定了一个特别的制度：法定公益金。法定公益金提取的比例是利润的 5%—10%，和法定公积金一样，是强制性的要求。

法定公益金制度的产生，和当时的社会情况密不可分。

在我国公司法制定的时候，住房改革尚未完成，社会保障制度也没有建立，大部分企业仍然承担了办社会的职能。而国家百废待兴，经济实力较弱，没有多余的财力来建设社会福利设施，由企业继续承担一部分社会责任也是一个现实的选择。

在这种情况下，公司法就通过法定公益金的安排，来解决企业职工集体福利的资金来源。根据 1993 年《公司法》的规定，法定公益金用于本公司职工的集体福利。现实中，法定公益金常用于兴建职工宿舍、幼儿园、理发室、医务室、职工浴室等。

随着经济的发展和社会的进步，公司不再承担办社会职能，法定公益金存在的合理性也越来越弱。根据 2002 年上市公司年报资料，1242 家上市公司法定公益金期初余额为 372 亿元，当年提取 90 亿元，期末余额 462 亿元，超过 90% 的上市公司当年没有动用 1 分钱的法定公益金。[①]

根据 1993 年《公司法》，法定公积金有一个达到注册资本 50% 不再提取的上限，但是法定公益金没有提取的上限，不管之前提取了多少，下一年还

---

① 参见陈淑华：《〈公司法〉取消企业提取法定公益金的博弈》，载《湖北民族学院学报（哲学社会科学版）》2007 年第 5 期。

是要提取利润的5%—10%。如此发展下去，公司挂账的法定公益金就会越滚越大，但又没有什么实际意义，最终成为一个历史遗留问题。

2005年《公司法》修改废除了法定公益金制度，法定公益金和企业办社会一起成为历史。

免费才是最贵的

法律对股份回购和公司分红进行了严格的限制，但是只解决了一小部分问题。公司是股东控制的，股东说话，公司不得不听。只要爸爸妈妈想要，孩子的压岁钱总是不安全的。公司法接下来的一大任务，就是防止股东通过其他途径虚增和抽逃出资。毫无疑问，这将是一项艰巨的任务。

四、抽逃出资

虚报利润

股份回购和不当分红的禁止，把股东从公司“合法”取得资产的路给断了。合法的来不了，那就试试其他的。如果沿着分红的思路继续走，可以虚报利润，分红以后就能拿到钱了。虚报利润的做法很隐蔽，外人很难发现，但在实践中却比较少见，因为成本高。

公司有盈利要交所得税，分红给个人股东还要交个人所得税。如果按照企业所得税25%，个人所得税20%计算，虚报1000元利润，要先交250元企业所得税，税后净利润变成了750元，再交20%个人所得税，到手变成600元，综合税率40%。

伤敌一千，自损四百。

在有其他选择的情况下，股东一般不会采用这种方法。

■ 虚构债务

欠债还钱，天经地义。有些公司认为，既然分红有成本，不如虚构一些债务，公司资产借还债之名就出去了。

如果公司规模不大，就可以安插几个不用工作而只拿工资的哥哥、姐姐、大姨子、表妹夫，或者用2万元的月租金租一辆开了10年的小汽车，长期下来也是不少的费用。

如果公司规模比较大，就可以和股东的经营配合，做一些安排，比如担保。在最高人民法院的一个案例中，股东向银行贷款2600万元，公司用2600万元的存单为股东贷款提供质押担保。股东到期没有偿还贷款，银行行使质押权，最终公司替股东偿还了这2600万元贷款的本息。理论上，公司可以向股东追索代偿还的2600万元，但是公司没有，估计也不想向股东追索该2600万元。通过这种方式，股东抽逃了2600万元出资。

和自己交易太过于明显，所以很多股东会再转一层，利用关联交易将出资转出。在上述同一个案例中，股东就展现了这种通过关联交易将出资转出的“乾坤大挪移”。股东缴纳的第二笔注册资本是6000万元，股东没有钱，从A公司借了6000万元，支付给了公司，这就算出资了。

这个时候，如果公司把这6000万元转回给股东，或者直接转给A公司，那就太低级了，不仅容易被查到，而且显得造假段位不高。公司忽然发现，正好欠B公司的工程款6000万元。B公司是A公司的关联企业，对于它们来说，互相之间欠不欠款，欠多少，有时候是一种玄学，说多少就是多少。

公司把6000万元还给B公司，B公司看起来财大气粗，钱拿在手上没什么用，当然要帮亲戚解决财务问题。于是6000万元顺理成章，转到了股东账户。股东有钱了，好巧不巧，正好6000万元，那就还给A公司吧。

一天之内，6000万元轮转，这就是利用关联交易的抽逃出资。

6000万元轮转示意

抽逃出资形式丰富多彩，千姿百态，公司法无法穷尽，所以最后用“其他未经法定程序将出资抽回的行为”来兜底。

法律规定有了，还面临如何落地的问题。民事诉讼中有一个基本原则，叫作“谁主张，谁举证”。主张股东抽逃出资的，一般是公司的债权人。公司

举证责任

的债权人，对于公司的财务状况、经营状况当然没有股东了解得清楚。如果按照“谁主张，谁举证”的原则，债权人很难完成证明责任。这就出现了“草色遥看近却无”的奇妙景象：法律规定很清楚，但是就是无法执行。

为了解决这个问题，在涉及股东出资的诉讼时，法院采取的举证规则是“倒置”，由股东来承担举证责任：你说你没有抽逃出资，就要证明你确实出资了，而且没有抽逃。

五、减资和增资

公司有资本，才能保护债权人的利益，所以股东出资要缴足、缴实，公司不能进行股份回购和不当分红，禁止抽逃出资。公司优生优育计划已经建起来了，就差最后一步，大厦就竣工了。

这最后一步管的就是资本的变化，也就是减资和增资。

■ 减少注册资本

公司减资，资产减少，对于债权人来说当然是不利的，所以公司法对减资规定了严格要求，对于已知的债权人，必须在 10 日内通知，债权人可以要求公司清偿债务或者提供相应的担保。为了保护不确定的债权人，公司法还规定公司应当在 30 日内对公司减资在报纸上公告。这样其他债权人虽然没有收到通知，也有途径获得公司减资的消息，要求公司清偿债务或者提供相应的担保。

看到这里你可能有点疑问：报纸公告靠谱吗？

全国有 1800 多种报纸，可债权人不一定能看到公告。而且网络时代，看报纸的人越来越少。要是既没被通知，也没看到公告，那债权人的合法利益可能就得不到保护。

关于这个问题，法律确实规定得不够明确。在法院审理实践中，一般认为，如果应该通知而没有通知，就属于非法减资，股东应当在减资金额内对公司的债务承担责任。

让我们从一个实际的案例看看法院是怎么认定的。

一家济南的公司，1999 年决定将注册资本从 2250 万元调整为 1125 万元，公司在《济南日报》刊登了减资公告。后来，辽宁省一家公司（债权人）把济南公司和股东告上法庭。法院审理后认为，济南公司减资没有通知债权人，而且刊登公告的仅为在地方发行的《济南日报》，起不到广而告之的效果。济南公司减资违反法定程序，股东要在违法减资范围内承担补充赔偿责任。

■ 增加注册资本

说完了减资，再说说增资。

股东对公司增资，对于债权人来说，那可是天大的利好。所以，在法律上，增资要保护的着眼点就不再是债权人，而是股东，特别是小股东。

大股东想让小股东出局，最简单的办法是购买小股东的股权。但是买卖就像结婚，是你情我愿的事情，未必能谈得拢。买不来，大股东还有一个方法：增资。

比如说一家公司注册资本 100 万元，大股东出资 70 万元，小股东出资 30 万元。如果任由大股东操控，大股东可以提议，基于公司经营需要，增资 1000 万元，全部由大股东认缴。增资后，公司注册资本变成了 1100 万元，大股东出资 1070 万元，持股比例为 97.27%，小股东出资仍为 30 万元，原来 30% 的持股比例被稀释到不足 3%。

这种办法俗称“掺沙子”。

为了保护小股东，公司法采取了双重保护的措施。

第一项保护措施是：增资需要经代表 2/3 以上表决权的股东通过。公司股东会一般决议是经 1/2 以上表决权就能通过，只要涉及公司注册资本变化的，无论是增资还是减资，全部都要求经 2/3 以上表决权通过。

第二项保护措施是：小股东享有同比例增资优先权。公司增资 1000 万元，小股东有权要求在 30% 范围内跟进。只要小股东跟得上，就能维持 30% 的出资比例不变。

比例是硬杠杠

如果小股东持股比例不到1/3，或者在增资的时候无力跟进（不一定有300万元能投入），即使有公司法的双重保护，小股东还是有可能得不到完全保障。

对于小股东来讲，除了选择可靠的投资伙伴，最好能在公司章程里明确，只要涉及增资事项，需要自己的同意方能有效，或者己方有否决权。否则，一旦股东之间出现了矛盾，只能按照持股比例票决，大股东的提案往往能“强行”通过，小股东要想保护自己的利益就很困难了。

六、公司资本的变与不变

在这一章结束之前，简单总结一下。1993年《公司法》对于公司资本的要求大概是这么一些：

（1）注册资本有最低限额，而且标准很高，从10万元到1000万元不等。

（2）出资说是多少，就是多少，不许缺斤少两，还必须在公司成立之前交到公司去。

（3）用什么财产出资，有严格限定，不是说什么资产都可以的。俗话说，有钱的出钱，有力的出力。“钱”可以用来出资，但是“力”（劳动）不能用来出资，俗话说的也不行。

（4）出资就要好的出资，货币、土地、实物等硬资产多多的，容易造假的工业产权、非专利技术少少的（不高于20%）。

（5）禁止股东抽逃资本。

（6）公司增加或者减少注册资本，要遵循严格的程序性要求。

公司法在多次修改以后，上述6项关于注册资本的规定基本都有所保留，但是命运各不相同。具体来说，大致可分为基本取消、先放宽再收紧、放宽和不变四类。

第一类是最低注册资本的限制（第1点），相关要求基本取消。

说基本取消，是因为整体上最低注册资本限制和一定要实缴的要求取消

注册资本打折

了，但是在一些特殊的行业仍然保留了下来。这些行业以金融业为主，像全国性商业银行最低注册资本 10 亿元，经纪类证券公司最低注册资本 5000 万元，保险公司最低注册资本 2 亿元。

第二类是出资期限的限制（第 2 点），经历了从放松到再次收紧的过程。

通过 2005 年和 2013 年两次修改，《公司法》先是允许分期出资，后来干脆取消了对注册资本出资期限的要求（银行、证券、保险等特殊行业除外）。经过 10 年实践，2023 年《公司法》又对出资期限进行了限制，规定全体股东认缴的出资额由股东按照公司章程的规定自公司成立之日起五年内缴足。

第三类包括出资形式和比例的限制（第 3 点和第 4 点），要求大幅放宽。股东除了可以用货币出资，也可以用其他非货币财产出资，只要可以用货币估价并能依法转让就可以。

目前被明确排除的出资形式有劳务、信用、自然人姓名、商誉、特许经营权和设定担保的财产等。在实践中，容易引发争议的是用债权出资。一般来说，除了债权直接转股权，用债权出资因其实现的不确定性，可能不会被接受。当然，这些限制不能避免公司的“曲线救国”策略：用现金出资，再用现金支付工资、购买债权等。

至于不能转让的财产，比如股东的烟草专卖权，因公司不能通过受让而拥有该权利，所以不能用来出资。

第四类是基本不变的，主要是禁止股东抽逃资本和资本变更要遵循严格的程序性要求（第 5 点和第 6 点）。

公司法对注册资本要求的降低，目的是减小公司设立的难度，活跃市场和提高经济效率，绝非鼓励弄虚作假。因此，对于公司出资，股东都不能抽逃。股东也不得通过增资或者减资损害其他股东或公司债权人的利益。

公司法的修改并非一蹴而就，中间经历了漫长的过程。我们还是以 1993 年《公司法》为基础，看看到底发生了什么。

第五章　走上神坛的注册资本

一、律师寻宝记

■ 律师的体力活

储藏室有一个小窗户，下午的阳光斜斜照进来，窗户和对面墙之间就出现了一道耀眼的光柱，微尘在里面翻滚。储藏室里温度很高，汗水顺着我的额头慢慢汇集，“啪”的一声砸在了面前一个档案袋上，让我想起了小时候摔泥巴的游戏。

我是律师，但是我在忙着清理档案柜。我没有抱怨，因为尘土是我扬起来的。事实上，我干得很起劲儿，因为是自找的。

档案柜一共是三个，一个大的一人来高，两个小的半人来高，清理出来的东西计有：公司篮球比赛奖杯、两个已经生锈的打孔机、去桂林旅游的照片若干、半包发霉变质的瓜子；当然，还有各种装订好、没装订好的档案。

我太太可以作证，我平生最恨找东西。衣服没了就再买一件，所以家里经常有很多同一式样，颜色相近的 T 恤或者短裤。要不是为了找宝贝，我绝不会这么卖力。

■ 寻宝记

当时我代理一个诉讼案件，客户是甲公司。甲公司是乙公司的大股东，乙公司倒闭了，债权人告上门来，要求甲公司在出资范围内承担连带责任，理由是甲公司没有缴纳注册资本。

乙公司设立年代久远，没人拿得出出资证明，而且是否出资已经没人说得清了。但是，我心里隐隐还有一点希望，根据法律规定，公司设立的时候出资要到位，甲公司虽说官僚了些，但是管理很规范，这个程序应该是走过的。

乙公司当时已经停业好几年了，除了股东派出的人员，其他人早就遣散了。我想了解一下当时的情况，没人能说清楚。最后，有一个记性好的人说，好像剩了一些东西，大家都觉得不重要，随便在储藏室里找了个地方就放下了。

我当时没有太多案子做，有的是时间。找人开了门，我就一头钻进去了，看看能不能找到有关出资的资料。

■ 一份验资报告

找了一个下午，在一个破烂的档案袋里，我发现了一份“验资报告”。时间、金额都对得上，而且是原件，有会计师事务所的印章。

这可真是意外之喜。当时我想，说不定能找到出资的原始凭证，这样出庭还能抵挡一阵儿，不至于太难堪。没想到，居然给我找到了“验资报告”这份有利证据。

“要慎重!”我对自己说。这可不是闹着玩儿的，要是交了一份假证据那就麻烦大了。

会计师事务所还在，我专门跑去验证真伪。会计师事务所查了当年的记录，确实是真的。我就喜滋滋地去法院交了证据，回来的路上买了一个 5 元的雪糕吃。

这个案件甲公司大获全胜，董事长特批多加了 5000 元的律师费，还说我办事可靠，要给我介绍个女朋友。这可不行，家里已经有一位了。要不，还是多帮我介绍点案件吧？

同一个人

二、资本王冠上的明珠

如果说 1993 年《公司法》的王冠是公司资本制度，那么验资报告就是这顶王冠上的明珠。关于这个问题，要从公司的法律性质说起。

■ 法人实在说

法律上的民事主体主要是三类：自然人、法人和非法人组织。[①]

公司是最常见的法人，也是最典型的营利法人。在实践中，“法定代表人”常常被简称为法人，其实叫“法人代表人”可能更好一些。也常有人误认为“法人”是指守法的人，从而出现“人人争当法人”的宣传横幅，让人哭笑不得。

长期以来，关于法人是否真实存在，有否认说、拟制说和法人实在说三

① 非法人组织包括个人独资企业、合伙企业、不具有法人资格的专业服务机构等。

种主要的理论。

否认说认为，社会组织都是由人组成的，说有法人完全是臆想，你能看见法人身体组织吗？法人的头和胳膊、大腿又在哪里？

拟制说认为，民事权利主体只能是自然人，但是法律为了方便，把一些组织当成人看待，所以法人是拟制的自然人（假装是人）。

法人实在说认为，法人就是实实在在存在的，有人格，有意识，能够享有权利、承担义务。

因为法人实在说能够更好地解决现实中的问题，所以理论界和实务界多采法人实在说。

类比来说，相对于日心说，地心说其实也是可以成立的。但是如果要以地球为中心，说明各个星体的运动，显然不如日心说方便。法人实在说就相当于日心说，如果认为法人不是实际存在的，那么只要涉及法人，确认民事权利、义务则会变成一件麻烦的事情，从而影响经济运行的效率，得不偿失。从解决问题的角度来说，认定法人实际存在显然更简单、更方便。

关于法人

有钱的才是法人

法人实在说作为理论没问题，但是自然人有血有肉，公司当然没有，公司能有的只能是钱了，严格点儿说，是资产。

20 世纪 80 年代到 90 年代，随着商品经济的发展，曾经出现过很多皮包公司。[①] 在情景喜剧《我爱我家》中，贾志新在客厅的宇宙公司、胡三儿地点不明的银河公司，还有办公地点在公共浴室一张床上的环球总公司，都是这种既没有登记，也没有什么资产的公司。[②]

在当时全国公司中，不符合正规公司条件的有很多，工商部门还进行了专项的“清三无”行动。通过 1995 年度内资企业年检，全国各级登记管理机关注销企业 29.15 万户，吊销 7.90 万户企业的营业执照。[③]

不正规公司千变万化，有一点始终如一：公司没有足够的资产，出了问题无法承担法律责任。

从这个角度上来说，资产就是法人的门槛。公司有足够的资产，才能作为法人享有权利，承担义务，这一点似乎无可争辩，天经地义。

1985 年，在国务院《关于进一步清理和整顿公司的通知》（已失效）中，国务院要求开办公司要有与生产规模相适应的资金。对于谎报财产，实际上没有资金的公司，要令其停办；对实有资金少于注册资本的公司，要限期补齐或者调整注册资本。

1994 年 3 月，最高人民法院在《关于企业开办的其他企业被撤销或者歇业后民事责任承担问题的批复》（已失效）中，系统性地阐述了注册资本的重要性。为了论述方便，我们先假设：X = 法律规定的最低注册资本、Y = 股东实际投入自有资金、Z = 企业登记的注册资本。

在企业其他条件都没问题的情况下，如果：

（1）Y > X，实际投入自有资金比法定最低标准要高，企业就会被认定具有法人资格，股东只需要在投入不足的部分（Z – Y）承担民事责任。

---

① 参见郝湘生：《谈皮包公司》，载《党校论坛》1993 年第 3 期。

② 参见《我爱我家》第一部第 7 集《骗子》。

③ 参见《95 年度全国内资企业年检报告》，载《工商行政管理》1996 年第 18 期。

（2）$Y < X$，实际投入自有资金比法定最低标准要低，那么对不起，企业就会被认定为没有法人资格，谁开办的，谁对这个企业的债务负全部的责任（$0 - \infty$）。

这两个结果差别巨大。比如说，股东投入比注册资本少了10万元，如果企业是法人，那么股东最多承担10万元的责任。如果企业不是法人，那么不管欠几百万元、几千万元，股东都要承担责任。

1993年《公司法》和这些规定保持一致：设立公司的，股东出资（股本）必须达到法定资本最低限额。

验资报告

既然注册资本如此重要，如何保障它实缴到位呢？这个光荣而艰巨的任务就交给了会计师事务所。

按照法律规定，企业设立，必须委托会计师事务所为企业进行验资，而验资报告就是最终的成果。工商局对验资报告给予绝对的信任：有验资报告，就说明出资到位；没有验资报告，就说明出资没有到位。法院对验资报告也是给予充分的信任，所以我能找到验资报告，无异于帮当事人股东拿到了责任豁免函。

公司资本制度最重要的一步最终落实到验资报告上，它理所当然、毫无争议地成为王冠上的明珠。

欲戴王冠，必承其重。会计师们接受了这个重托，业务当然会增加，但是麻烦也接踵而至。

三、会计师事务所的责任

一个皮包公司的“骗史”

这是一个真实的案例，发生在20世纪90年代的江苏省盐城市。

1997年3月，陈某平通过银行的业务人员，获取了一份盖有现金收讫章的空白现金解款单，自行填写了“新东居委会拨现金98万元”并加盖了私刻的两枚印章，拿到甲会计师事务所验资。甲会计师事务所及银行立即到有关单位查证，陈某平的计划失败。

陈某平不甘心，他又找到另一家银行的朋友丁某某，以100元现金在营业部开了户，并从丁某某手上拿到了盖有当日三角戳的空白进账单两份。陈某平亲自填写了“陈某平进款40万元”和“黄某进款18万元”的字样，并在会计和复核栏盖上了事先刻好的私章。

一切准备妥当后，陈某平通过丁某某的熟人关系，到乙会计师事务所将两份假进账单进行验资。没多久，验资顺利通过，一张百元钞票换来工商局颁发的58万元注册资本的营业执照。

陈某平的皮包公司成立后，专骗全国中小企业。在短短的一年时间里，他们作案27起，涉及金额近150万元。天网恢恢，疏而不漏。1998年4月，当地公安局将陈某平等人抓获。①

■ 会计师的赔偿责任

1996年4月，最高人民法院发布《关于会计师事务所为企业出具虚假验资证明应如何处理的问题的答复》（已失效），明确会计师事务所出具虚假验资证明，给他人造成损失的，应当依法承担赔偿责任。

显而易见，如果乙会计师事务所能够履行正常的验资手续，这个皮包公司是不能成立的。皮包公司不成立，其他企业就不会被骗。所以乙会计师事务所要在虚假出资范围内对皮包公司的债务承担连带责任。

这个逻辑明明白白，似乎没有什么问题。

此后两年，对会计师事务所出具虚假出资报告的诉讼来势凶猛，案件总量超过500件，在有的案件中，出具了虚假验资报告的会计师事务所甚至被列为第17被告。②

■ 责任应该多重

会计师事务所验资业务收费并不高，承担如此之重的责任，一旦踩了雷，

---

① 参见阿根：《一个皮包公司的“骗史”》，载《光彩》1999年第2期。

② 参见吴盛田：《验资“诉讼爆炸”的成因与对策》，载《湖南财政与会计》1999年第12期。

无一不叫苦连天。有一家会计师事务所，把关不严，给某公司出具了虚假验资报告，最后不得不赔偿债权人50万元。这家会计师事务所觉得自己冤枉透顶，称该公司还欠着2000元评估费没给呢。①

最新的案例就是五洋建设集团股份有限公司发行债券产生的诉讼。2020年12月31日，五洋债案件一审宣判，中介机构全部承担责任：承销商和会计师事务所承担连带责任，评级公司承担10%的连带责任，律师事务所承担5%的连带责任。按照涉案金额算，承担责任最少的律师事务所可达3700万元，会计师事务所承担连带责任，那就是最高要承担7.4亿元的责任。②

很多人建议，包括会计师事务所在内的中介机构赔偿可以，但是要有个限额，比如中介费的5倍，10倍也是可以的。就拿五洋债案件来说，媒体报道律师费仅为10万元，赔偿10倍也不过100万元，要求律师事务所承担3700万元实属不公。

责任太重这种理由一般没人搭理。让破坏者付出破坏的代价，让装睡的“看门人”不敢装睡，这就是一个响亮的回答。当然，从市场规律来讲，如果其他条件不变，中介机构责任的加重，无疑会导致监管成本的提高和服务费用的增加，是否经济，不无疑问。③

■ 会计师事务所要负责到底

会计师的另一个理由就有说服力多了。他们说，验资报告是有时间价值的。比如说，对于去年出具的验资报告，会计师事务所承担责任没问题。但是5年前，甚至10年前的验资报告，难道还和会计师事务所有关系吗？公司的经营是变化的，就算验资的时候资金不足，公司后来赚了很多钱，远超不足的部分，过几年公司经营又不好了，这和会计师事务所有什么关系呢？

---

① 参见李毅然：《一份虚假验资报告：代价50万》，载《光彩》1999年第12期。

② 浙江省杭州市中级人民法院民事判决书，（2020）浙01民初1691号。

③ 比如，著名经济学家J.M. 布坎南（J.M. Buchanan）认为，政府和市场一样都会失灵，而市场的缺陷并不比政府的缺陷更为严重。

有什么关系?

对此，时任最高人民法院经济审判庭法官的叶小青写了一篇文章，专门进行了解答。这篇文章的名字叫《会计师事务所如何正确理解最高人民法院关于虚假验资责任的司法解释》①。总结起来，文章核心就是两点内容：

第一，没有验资报告，不符合条件的企业就无法取得法人身份，它就不能以法人的名义经营，债权人自然就不会上当受骗。

第二，验资报告确认的注册资本是在营业执照上公示的，这是法人对外债务的一般担保。也就是说，别人和公司做生意，看的是注册资本金额，而且只要不进行增资减资，这个金额一直都在那里。会计师事务所违反规定，弄个虚假的注册资本在营业执照上，肯定要就此承担责任。

最高人民法院的观点和当时的主流观点是一致的，就是公司的信用来自

① 参见李国光主编、中华人民共和国最高人民法院经济审判庭编：《经济审判指导与参考》1999年（总第1卷），法律出版社1999年版。

资本的信用，而资本一直写在营业执照上，所以会计师事务所一旦出具虚假验资报告，就得负责到底。

四、注册资本的神化和质疑

注册资本走上神坛

20 世纪 90 年代后期，我们对注册资本的信赖达到了顶峰。

人们认为，公司的信用就来自公司的资本，在一个交易中，只要对方的注册资本真实，自己的利益就有了保障；公司注册资本越高，对自己利益保障的程度就越高。

公元前 333 年，亚历山大率军攻入戈迪乌斯城，在神庙里发现了戈迪乌斯绳结。这个绳结异常复杂，当地流传的神谕说，谁能解开这个绳结，谁就能成为亚细亚之王。亚历山大拔出佩剑，将绳结一劈两半。

亚历山大的办法

现在，注册资本犹如亚历山大劈开绳结的佩剑，复杂的公司信用问题陡然变成一个简单的数字比较，还有比这简单的办法吗？

于是，整个社会都变得以注册资本马首是瞻：公司注册需要至少 50 万元，投标要求注册资本达到 200 万元，贷款需要注册资本不低于 500 万元……只要涉及公司的资质，就没有不要求注册资本的。在决定供应商的时候，一句“注册资本这么少”，就可以堂而皇之地把这家公司拒之门外。还需要什么其他理由！

■ 对注册资本的质疑

慢慢地，大家开始意识到有什么地方不对劲儿。如果说公司资本是公司坚实的基础，那么，为什么注册资本绝对没有问题的公司大量倒闭，出现了前所未有的下岗潮？① 为什么注册资本几千万的公司欠银行区区几百万元贷款还不了？

《伊索寓言》里面有个大山临盆的故事：古时候，一座山里发出了一阵隆隆巨响，据说这是大山要临产了。人群从四面八方聚集起来，观看大山会生出什么后代。大家企盼了许久，并且作了许多聪明的推测，结果从那里跳出一只老鼠。

现在，严格的注册资本要求犹如《伊索寓言》里所说的大山，大家都寄予厚望，结果生下来的却是一只老鼠。这到底是为什么？

稍微深入思考一下，我们就能发现，注册资本只是一个账面数字，表明股东已经履行了出资义务，此后公司是否有履行债务的能力不见得和注册资本相关，而且公司经营时间越久，就越不相关。

很简单，法律可以保证股东出资到位（不到位承担法律责任），但是法律不能要求公司经营一定挣钱，否则就不需要“有限”责任了。1993 年《公司法》第 5 条第 1 款说得明白：“公司以其全部法人财产，依法自主经营，自负

---

① 1997 年，国有企业改革全面展开，国企不再是铁饭碗，大批的工人纷纷下岗。工人下岗是因为国企效益不好，重复建设导致产能过剩、技术设备落后、历史包袱沉重、私企、外企、进口商品的冲击、冗员过多等都是国企效益不好的原因，但是，没有人认为是国企的注册资本没有到位，导致公司经营失败的。

盈亏。”

公司经营一段时间后，注册资本已经丧失了信用担保的意义，变成了一个象征。公司拥有的资产可能远远大于注册资本，也可能远远小于注册资本，不管是大还是小，公司承担责任的范围都是资产，而不是注册资本。这个道理，并不难理解。

那么，为什么我们还这么依赖注册资本呢？

五、德国公司法的改变

资本法定制度

在制定公司法的时候，中国并没有成熟的公司法理论和实践，所以立法时主要是借鉴了大陆法系①的法律，特别是1946年公司法、我国台湾地区“公司法”及《日本商法典》。②

《日本商法典》是以德国为师制定的，这个老师的特点就是对注册资本作出了严格的约束。

德国发明了有限责任公司，《有限责任公司法》制定于1892年，到1992年刚好100年，这部法律在百年间并没有实质性修改，在可预见的将来似乎也没有需要修改之处。

当然，关于严格的资本制度德国学者也有很多质疑之声。有德国学者就说，修好了注册资本的水坝准备蓄水，老天不下雨（经营不好）你有什么办法？

可是，要想改变100年的制度，谈何容易。谁都知道，公司收到的资本肯定会随公司经营发生变化，拥护资本法定的德国学者也必须得面对这个事实。对此，他们解释说，注册资本还有别的用处，比如说，可以使公司经营者严肃经营。这个理论说，因为公司如果有亏损，就会先损失股东的投资，所以经营者会严肃经营。还有一种理论说，有的人，特别是经济力量较弱的

---

① “大陆”指欧洲大陆，大陆法系指以法国和德国为代表，并受它们影响的奥地利、比利时、荷兰、意大利、瑞士、西班牙、明治维新后的日本以及亚、非、拉部分法语国家或地区的法律。

② 参见刘俊海：《新〈公司法〉的设计理念与框架建议》，载《法学杂志》2021年第2期。

债权人，愿意相信公司的注册资本有用，只有严格的法定资本制才能保护这种信心。①

显而易见，这些理论并没有从实质上说明法定资本制存在的原因，更像是一种事后的粉饰。要说严肃，还能有法律更严肃的？想要公司经营者严肃经营，有法律规定就足够了。至于说有人相信公司注册资本有效，那是百年来过分强调注册资本的结果，而不是法定注册资本应该存在的原因。

■ 欧盟“四大自由”

1993 年，欧洲发生了一件大事。这一年的 11 月 1 日，随着《马斯特里赫特条约》的生效，欧盟正式诞生。这意味着在欧盟成员国内要实现商品、服务、资本和劳动力的自由流动，这就是欧盟的“四大自由”。

欧盟最初的成员方里，有一位特殊的成员：英国。英国曾经号称“日不落帝国”，和欧洲大陆若即若离，在法律上也和欧洲大陆不一样，创造出一套法律体系叫“英美法系”②，和大陆法系并称。

英国的公司法要求股份公司最低注册资本为 5 万英镑，对其他类型公司的注册资本根本没有要求。其他类型公司标准注册资本是 100 英镑，当然，1 英镑也可以。

德国股份公司最低注册资本是 10 万马克，有限公司的最低注册资本是 2 万马克（欧元引入后为 2.5 万欧元），德国的要求显然比英国要高很多。在欧洲大陆，法国、卢森堡等也比德国要求低。

本来吧，你走你的阳关道，我过我的独木桥，大家井水不犯河水。可是欧盟来了，大家是一家人，国家之间的海关、边检都拆了，我的公司在你家开个分公司没问题吧？德国人皱起了眉，我的公司要有 2.5 万欧元注册资本，你的公司注册资本 100 英镑（约为 120 欧元），这可不行。

---

① 参见朱昱：《欧盟公司资本制的变革与挑战——从欧盟公司法资本指令到中国公司法》，中国政法大学 2014 年硕士学位论文，第 6—7 页。

② 也叫“普通法系”或“海洋法系”，是指以英国和美国为代表的，历史上曾经为英国殖民地的加拿大、澳大利亚、新西兰、南非、印度、巴基斯坦、孟加拉、马来西亚、中国香港特别行政区和新加坡等国家或地区的法律。

很快就有判例出来了。欧盟的最高法院是欧洲法院。1999 年，在森特罗斯（Centros）一案中，欧洲法院认定，一对丹麦夫妇在英国设立的森特罗斯公司尽管在英国从来没有营业，但是有权在丹麦开设分支机构，这属于“居住自由”。别忘了，法人也是人。①

德国人摇摇头，这是丹麦的事儿，和我们没关系。

该来的迟早会来。

有一家注册在荷兰的公司叫贝泽林（Ueberseering），管理地点悄无声息地搬到了德国，也没向德国政府申请。德国政府认为，在德国注册的公司才是合法公司，在荷兰注册的不能算。贝泽林公司不服，起诉到欧洲法院。欧洲法院最终认定这是居住自由，只要是欧盟内成立的公司，不用在德国注册，德国也得承认。②

法人也是人

① 参见高旭军：《论欧盟法对德国〈有限责任公司法〉修订的影响》，中国欧洲学会欧洲法律研究会 2010 年第四届年会论文，第 229—231 页。

② 高旭军：《论欧盟法对德国〈有限责任公司法〉修订的影响》，中国欧洲学会欧洲法律研究会 2010 年第四届年会论文，第 231—233 页。

作为欧盟的最高法院，欧洲法院负有解释欧盟法律和确保其在各欧盟会员国间能被平等适用的义务。德国作为欧盟的主要成员，要做好榜样，欧洲法院的判决不能不遵守。

2003 年，欧盟委托专家对欧盟资本制度的规定进行了研究，并最终形成了《温特报告》（Winter's Report）。报告指出，最低资本没有任何功能，但也没有证据证明最低资本要求构成商业行为的障碍。最终结论是：建议保留最低资本，但也不应提高其数额。

2006 年，德国司法部提出有限责任公司法修改草案，修改后的《有限责任公司法》于 2008 年开始实施。新的法律引进了一种新的公司形式：企业主有限责任公司，该类公司设立只需要 1 欧元注册资本。①

我们现在可以说，1993 年《公司法》其实借鉴的是一种历史悠久，但即将被淘汰（半淘汰）的法律制度。德国人最终向现实低头，放弃了严格的法定资本制度。

在中国，当时《公司法》刚刚制定，大家对严格的资本制度信心满满，决定加把劲儿，把基础打得再牢些。

六、悬在企业家头上的三把利剑

■ 虚报注册资本罪、虚假出资罪和抽逃出资罪

《公司法》生效时，《刑法》里面并没有配套规定。为了保障《公司法》的贯彻实施，1995 年，全国人大常委会通过了《关于惩治违反公司法的犯罪的决定》（已失效），首次规定了虚报注册资本罪、虚假出资罪和抽逃出资罪，一般简称为“两虚一逃”。1997 年，《刑法》进行了大修改，将《关于惩治违反公司法的犯罪的决定》（已失效）关于两虚一逃的内容吸收进去，规定在第 158、159 条。

负责登记工作的人或单位，欺骗公司登记机关，非法取得公司登记，构成虚报注册资本罪。股东应当交付，但未实际交付出资，构成虚假出资罪。

---

① 参见潘星、仝斌斌：《德国有限责任公司法改革述评》，载《德国研究》2009 年第 1 期。

虚报注册资本和虚假出资一般是在出资阶段，抽逃出资则发生在出资以后，股东把已经出资到公司的资产又拿回去。

悬在空中的利剑

这三个罪的犯罪结果是一样的，就是导致公司注册资本不实，现实中如何正确区分也是个问题，特别是前两个罪名。因为规定不够清晰，有人也称为“口袋罪”①。

■ 造假专业化

按理说，违反注册资本的规定都入刑了，大家就不敢在注册资本上作文章了吧？可是，结果却让人大跌眼镜。明目张胆地造假因为风险太大，确实越来越少。但是，与此同时，造假变得专业化和系统化，标志就是出现了以造假为主业的注册代理公司。

---

① 指罪状描述不清楚，构成要件不明确，退一步可无罪释放，进一步可捕可判的模糊罪名，比如已经废止的流氓罪就是典型的口袋罪。

代理注册公司是一项合法的业务，但是有些“客户”的真正需求，是希望代理公司在公司设立审查环节弄虚作假、蒙混过关。当时常见的作假方法为：代理公司将资金一次性汇入验资账户，通过验资审查之后再汇出。资金在验资账户时间只有一周左右，代理公司按照实际占用天数收取利息，最高可达年息100%以上，足以令民间高利贷者汗颜。①

于是，高利贷经营者和代理公司联合起来，配套提供虚假注册资本服务，而且配套服务齐全。一则网上代理注册广告是这样说的：②

> 我公司提供虚拟注册的如下配套服务：
>
> - 提供朝阳区虚拟注册地址、海淀区虚拟注册地址、西城区虚拟注册地址、东城区虚拟注册地址、丰台区虚拟注册地址，均位于写字楼中，地理位置优越，形象好。
> - 可用于公司注册或迁址变更，正规的租赁合同、发票及全套房产证明材料，能够轻松顺利注册公司。
> - 可在我商务中心处申请税控机，并免费为您提供税控打印机及电脑主机。
> - 免费配合工商税务等部门任意时间来公司实地核查，保证符合要求。
> - 可拥有甲级写字楼的办公通信地址，可用于名片、彩印及网站等。
> - 免费配备一部固定电话号码，专业的前台秘书免费帮您接听工商、税务等政府职能部门电话并根据情况进行有效处理。
> - 专业的前台接待会按照您的要求，为您接收邮件、传真、快递及信件等。
> - 每月赠送2小时会议室使用时间，再不用为接待客户而烦恼。

有了专业机构的介入，注册资本造假简直易如反掌。

另外，身负把关重任的会计师事务所也让人不省心。虽然最高人民法院明确了验资报告造假要承担法律责任，但在利益的引诱下，还是有人铤而走

① 参见田源：《“普遍性违法”与“选择性执法”——中小企业资本监管的困境、改革和遗留问题》，山东大学2017年博士学位论文，第51—52页。

② 参见田源：《“普遍性违法”与“选择性执法”——中小企业资本监管的困境、改革和遗留问题》，山东大学2017年博士学位论文，第52—53页。

险。有个别会计师事务所利用与政府的关系，连续几年办理虚假验资案件，共为6500家企业出具了虚假验资报告。①

监管机构哪里去了？

至此，我们不得不问一个问题："两虚一逃"如此横行，监管机构哪里去了？

负责公司注册的是工商行政管理机关。工商行政管理机关对注册是形式审查，几乎只认验资报告。工商行政管理机关的主要职责是规范市场秩序，在日常工作中并不把查处出资造假作为工作重点。以地方市场监督管理局（原工商局）局长的工作汇报为例，主要内容是执法中采取了哪些改革措施、新增企业多少家、新增注册资本多少万元、对哪些企业提供了哪些支持和服务、党建工作开展得如何、工作作风改进得如何，只有在报告的结尾，才会粗略提一下查处违法行为多少件，涉案金额多少元。

查处注册资本造假没有人重视，还和地方政府的态度有直接关系。个别地方政府为了招商的需要，对注册资本造假睁一只眼闭一只眼，甚至还提供方便和袒护。公安部门则陷入两难：严厉打击，会影响当地改革的政绩；如果不打击，又意味着没有履行法律赋予的职责。②

"两虚一逃"如此普遍，致使执法机构出现了选择性执法的情况：只要想查某家企业，别的可能查不出问题，但是把"两虚一逃"这个"法宝"祭出，企业家吃不了兜着走。栽在这个"法宝"下的有原上海首富周正毅、格林柯尔系实际控制人顾雏军和央视标王、爱多VCD的老板胡志标等，而顾雏军对顺德格林柯尔的虚报注册资本一案，则颇具代表性。

七、虚报注册资本罪不成立

郎顾之争

2003年，顾雏军当选CCTV十大年度经济人物，他所创建的格林柯尔系已

① 参见钟法：《打击公司、企业犯罪座谈会综述》，载《中国注册会计师》2003年第8期。

② 参见钟法：《打击公司、企业犯罪座谈会综述》，载《中国注册会计师》2003年第8期。

经拥有5家上市公司，30多家企业，成为中国冰箱业的老大和空调业的劲旅。①格林柯尔系冰箱产能直奔年产1000万台的规模，离世界第一只差一步之遥。

可是，顾雏军的这一步始终没能迈过去。他碰到了一个人，这个人出生于台湾省的桃园，是经济学教授，叫郎咸平。

郎咸平当时风头正劲，他在2004年6月17日公开质疑TCL，认定其改革方案实际是国有股权逐渐被稀释的过程。8月2日，他发表《海尔变形记——一次曲折而巧妙的MBO》，矛头直指中国知名度最高的家电企业海尔。

面对郎咸平的公开质疑，海尔掌门人付之一笑，说："国有资产问题有国资委管着呢，我们只管做事——做好自己的事情，不管别人怎么说！"TCL的掌门人李东生更是在媒体采访时反问："郎咸平是谁？"

2004年8月9日，郎咸平在复旦大学发表题为《格林柯尔：在"国退民进"盛宴中狂欢》的演讲，炮轰顾雏军在国退民进过程中席卷国家财富。

这一次，性情自负而暴烈的顾雏军大举正面回应，不但发出了律师函，还在香港高等法院起诉郎咸平。郎咸平以弱者的姿态奋力抗争，他的口号是：强权不能践踏学术。"郎顾之争"正式上演，席卷整个中国经济学界。②

2005年9月，顾雏军被捕。2009年，历经一审、二审审理后，顾雏军被判处有期徒刑十年，罪名有三个：（1）虚报注册资本罪；（2）违规披露、不披露重要信息罪；（3）挪用资金罪。

2012年，顾雏军出狱，他戴了一顶写着"草民完全无罪"的高帽子，召开新闻发布会，愤怒地否认了全部罪名。③

2017年，最高人民法院决定再审并提审本案。2019年，最高人民法院认定顾雏军虚报注册资本罪和违规披露、不披露重要信息罪不成立，挪用资金罪成立，改判有期徒刑五年。④

---

① 参见郭芳：《亲历者顾雏军——一桩标志性案件的平反之路》，载《中国经济周刊》2018年第50期。

② 参见吴晓波：《激荡三十年：中国企业1978—2008》（下），中信出版社2017年版，第323—326页。

③ 参见郭芳：《亲历者顾雏军——一桩标志性案件的平反之路》，载《中国经济周刊》2018年第50期。

④ 参见最高人民法院再审刑事判决书，（2018）最高法刑再4号。

打人啦

■ 顺德格林柯尔的注册资本

现在，我们重点看一下顾雏军被指控的虚报注册资本罪。

2001年，顾雏军为收购上市公司科龙电器，决定设立顺德格林柯尔公司，注册资本12亿元。

按照当时的要求，注册资本要在设立前缴足。顾雏军虽然已经是著名的企业家，但是一下子拿出12亿元，不管是现金还是资产，都不是一件容易的事情。既然实物不够用，那就用无形资产。顾雏军最后用来出资的12亿资产中，无形资产为9亿元，占比75%。这已经远远超过了当时公司法无形资产不得超过20%的规定。如果按照正常的公司登记程序，顺德格林柯尔是无法设立的。但是，在当地政府出具了担保函后，公司顺利成立。[①]

公司是设立了，问题是75%的无形资产占比怎么看都是不符合规定的，

① 参见最高人民法院再审刑事判决书，（2018）最高法刑再4号。

不说别的，每年年检都很难通过。于是，顾雏军决定通过在控制的科龙电器、天津格林柯尔、顺德格林柯尔三家公司之间循环走账的方式，形成了天津格林柯尔投资顺德格林柯尔6.6亿元的银行进账单。①

如此大笔资金空转，本来就让人心存疑窦，更何况来回走账使用的还是收购对象科龙电器的存款1.87亿元。在很多人看来，收购方用收购对象的钱收购，是典型的“借鸡生蛋”资本运作手法，俗称“空手套白狼”。越深入想，越容易觉得顾雏军这种借用资金的方法有问题。格林柯尔买科龙电器，应该用自己的钱，结果呢，公司出资是虚的，只能用买来的科龙电器的钱填窟窿，这种方式怎么能不损害国家利益？

借鸡生蛋

当时正在进行产权改革，这种做法是否合法，学界争议颇大，但都知道经不得舆论显微镜的考验。大家公认的解决方法是“只能做，不能说，一说

① 参见最高人民法院再审刑事判决书，(2018) 最高法刑再4号。

全是错”。

顾雏军案庭审后，新浪网在网民中做了一个小调查，该调查截至2006年11月19日，顾雏军最终是否被判刑这一项，回答“是”的，占87.7%，“否”的为12.5%。虽然这是一个类似“游戏”的小调查，但也反映了人们对“顾雏军案”的普遍态度。①

但是，顾雏军迎难而上，要自证清白。他邀请国务院发展研究中心企业经济研究所，举办了“科龙20年发展与中国企业改革路径”的研讨会，为自己引来了熊熊的烧身大火。②

后来在最高人民法院的再审中，认定顾雏军不构成虚报注册资本罪是基于法律规定的变化，并没有说他当时的操作没有问题。

那么，顾雏军为什么要注册一家注册资本高达12亿元的公司呢?

八、公司转投资限制

顾雏军要买科龙电器，所以设立了顺德格林柯尔，因为收购最初的价格是5.6亿元，所以顺德格林柯尔的注册资本至少应该是11.2亿元（5.6亿元×2)，凑一个整数就是12亿元。

用5.6亿元收购公司，为什么至少需要11.2亿元的注册资本呢?

这就涉及1993年《公司法》的一个规定：公司对外投资不能超过净资产的50%。这个规定一般被称为公司转投资限制。

为什么要限制公司转投资呢?

最容易想到的原因是公司将资产转投资到其他公司，会造成虚增资本的后果。

举例来说，如果没有限制，甲公司注册资本100万元，可以投资设立注册资本100万元的乙公司，两家公司合计注册资本200万元，但实际只有100

① 参见《“顾雏军案”需反省什么》，载大众网，http：//www.dzwww.com/caijing/cjsp/200611/t20061123_1883038.htm。

② 参见吴晓波：《激荡三十年：中国企业1978—2008》（下），中信出版社2017年版，第326—327页。

万元。

这还不算完。

乙公司现在有了100万元注册资本，再向甲公司增资100万元，这样甲公司有了200万元注册资本，乙公司有了100万元注册资本，总共就有了300万元注册资本，无形中增加了200万元。这样循环下去，要多少有多少。

从技术上说，要是觉得这么明目张胆不好意思，再多加一层就好了，甲公司投资乙公司，乙公司投资丙公司，丙公司投资甲公司……每转一个循环，整体投资金额就增加了300万元。

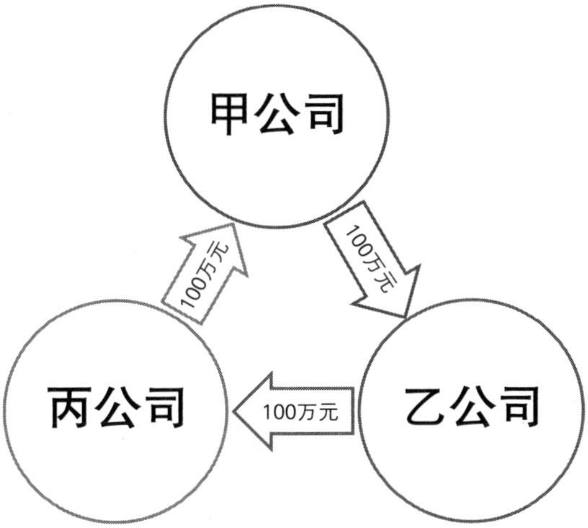

循环投资示意

另外，如果公司之间串通好，转投资还可能会导致股东失控的情况。比如说，上述循环投资经过三个循环，各自都有了300万元的注册资本，甲公司董事会可以代表甲公司决定乙公司的事项；乙公司可以决定丙公司的事项；丙公司在甲公司持股2/3，可以决定甲公司的事项。现在甲公司的董事会控制了三个公司，而唯一真正出资的甲公司原股东，现在变成了持股33.33%的小股东。

上得去下不来

在当时，我们对看不见摸不着的资产都有一种本能的不信任，股权如此，其他资产也是如此。

2000 年，新浪、搜狐、网易几个门户网站排队跑到美国去上市，一方面是因为当时的美国投资者很青睐互联网行业，企业估值比较高，另一方面也和我们重视硬资产有关系。作为互联网的先行者，这些门户网站价值一目了然。但是反映在企业资产上，能看得见的就是一些服务器和桌椅板凳，这能值几个钱?

简言之，1993 年《公司法》的一个基本理念就是，公司转投资容易造成公司资本不实，给信赖公司注册资本的交易方带来风险，但是完全不让投资也违反商业规律，所以就规定了 50% 这么一个限制：既然风险无法完全避免，那就在一定程度上进行控制。

这和中央银行的存款保证金道理是一样的，存款保证金率越高，货币乘数越低。100 万元如果只能投资一半，那么转投资一次就是 50 万元，再投资一次会变成 25 万元，重复下去，理论上最多形成 200 万元的投资额，也就是 $100+50+25+12.5+6.25+\cdots=200$（万元）。

所以，顺德格林柯尔要做6亿元的投资，就必须注册一家有12亿元注册资本的公司。因为是严格的法定资本制，所以顾雏军要找资产来投进去。资产找到了，只不过在形式上出了问题。

九、技术出资

■ 资金空转

顾雏军是江苏泰州人，他把公司设在广东顺德，主要原因是科龙电器和原来的控股股东容声集团都在顺德，当地政府肯定希望产业能够留在本地，发展本地经济，因此顾雏军就决定在顺德设立公司。

为了发展本地经济，当地政府一路绿灯。在1993年《公司法》明文规定无形资产出资不能超过20%的情况下，顺德格林柯尔无形资产出资占到了75%，超标3.75倍，公司居然也设立了。[①]

人无远虑，必有近忧。工商部门虽然行了个方便，但是法律规定就在这里，不增不减。第二年年检的时候，问题又出来了，工商部门说无形资产占比太高，不予年检，又是政府部门出函，才得以过关。[②]

按照顾雏军的说法，通过空转投入6.6亿元资金以置换等值无形资产、提供供货协议等，是当地政府和工商部门的主意。[③]

这无论是谁想出来的，很显然不是一个好的主意。如果顾雏军真的有价值足够的无形资产，完全可以用现金出资，公司再用现金购买相关的技术，只要能说明购买的必要性，就不用受无形资产出资的限制。

■ 无形资产20%的限制

这里，我们再说一说无形资产的出资比例问题。1993年《公司法》设定

---

① 参见最高人民法院再审刑事判决书，(2018）最高法刑再4号。
② 参见最高人民法院再审刑事判决书，(2018）最高法刑再4号。
③ 参见最高人民法院再审刑事判决书，(2018）最高法刑再4号。

20% 比例限制的立法理念为：[①]

（1）公司是资合企业，更需要有真金白银的投入，比如货币和实物，有利于公司稳定、经营和发展。

（2）无形资产价格难以认定，况且当今世界技术更新快，无形资产更容易贬值。无形资产如果比例过大，增加了注册资本的不稳定性和不确定性，所以要限制在一个很小的比例之内。

无形内力

（3）立法者比公司股东和债权人更有智慧，规定得严格一些对大家都有好处。

这些理由都很牵强，企业需要什么，应该由企业决定。[②] 至于限制比例为什么是 20%，也没有看到确切的依据，很可能就是“酌定”的一个比例。

① 参见刘俊海：《现代公司法》（上册），法律出版社 2015 年版，第 198 页；徐辉鸿：《技术出资法律制度的若干问题浅析》，载《南京工业大学学报（社会科学版）》2004 年第 3 期。

② 参见刘俊海：《现代公司法》（上册），法律出版社 2015 年版，第 198 页。

1997 年，原国家科学技术委员会和原国家工商行政管理总局发布《关于以高新技术成果出资入股若干问题的规定》，把高新技术成果出资放宽到不超过注册资本的35%。此后，浙江、山东、深圳、北京等地方政府纷纷出台规定，放宽了技术出资的限制。

2001 年 4 月，第一家由股东在章程里约定技术出资比例的公司在北京注册成立，公司注册资本为 50 万元，其中一项农用无机复合材料的技术成果作价出资占注册资本的 90%，货币出资占 10%，出资人双方股权各占 50%。①

顾雏军设立顺德格林柯尔，就在这一年。

十、普遍性违法和选择性执法

普遍性违法

法官，在英美法系国家地位尊崇，位置重要，享有法律的解释权，所以英美法系也常被称为法官的法。不过，法官权力再大，也得遵守法律规定。但是，有这么一群人，他们可以自由作出决定，而且他们作出决定不需要给出理由。他们的决定包括法官都要遵守，事后还不能被追究责任。这群人，合起来叫陪审团，单个的就是陪审员。

陪审团参与审判的理念是一个人有没有罪，应当由其同类的人来判断。如果同类的人都不认为这种行为是犯罪，即使法律规定有罪，也可以认定无罪。

我们的司法体系没有陪审团制度，但是我们可以通过这个视角再来看看顾雏军虚报注册资本罪一案。

首先，顾雏军认为自己无罪，众多专家学者也认为顾雏军无罪。比如，中国政法大学终身教授江平认为，“顾雏军这个案子，当时很轰动，是对民营企业家，欲加之罪何患无辞的典型”。② 国务院参事、著名经济学家任玉岭认

① 参见《知本雇用资本 一中关村企业技术入股90%》，载新浪财经 2001 年 4 月 24 日，http：//finance. sina. com. cn/g/55309. html。

② 参见《蓟门决策：从顾雏军案看民营企业法律风险》，载新浪网，http：//news. sina. com. cn/pl/2014 - 03 - 19/120729744092. shtml。

为："以格林柯尔兼并科龙为例，一个国企投入数亿元的资金，已经几年没有盈利，到了格林柯尔的名下后，立即迅速正常运营，创造了很好的效益，像这样的民营企业重组兼并国企，是无可非议的，于国于民都是有益的。"

其次，当地政府也认可顾雏军的这一行为。事实上，没有当地政府的配合，顾雏军不可能注册顺德格林柯尔，虚报注册资本更是无从谈起。

最后，各地的企业家也不认为注册资本造假有什么大不了的。有数据显示，90%以上的公司注册资本不实，许多公司是在注册之时借用他人资金，等到公司注册完毕之后再将资金撤出。① 这个数据当然不可能很准确，但是当时有很多公司参与注册资本造假是一个不争的事实。

■ 选择性执法

执法是需要成本的，而且成本不菲。在全社会思想上不认同，行动上普遍违反的情况下，"两虚一逃"犯罪事实上很少被追究。最终被追究责任的，也往往是因为其他的原因。对此，《中国青年报》的评论可谓正中鹄的：

对于这些情形，许多工商登记部门和公安机关是心知肚明，一般"不告不理"，让虚假出资、抽逃出资罪实际处于休眠状态。但是，一些地方侦查机关插手经济纠纷，查处所谓涉嫌合同诈骗、非法经营等罪时，当合同诈骗、非法经营的事实不足时，他们马上就查涉案公司或企业是否涉嫌虚假出资、抽逃出资罪，而这一罪名十个查八个准。许多人创办公司、企业之时，根本就没有足额注册资本，如此，虚假出资、抽逃出资罪就成了他们的"原罪"，也成为"选择性执法"的最好理由。②

---

① 参见《注册资本取消了，虚假出资罪何时休》，载《央视网》，http：//jingji. cntv. cn/2013/10/29/ARTI1383029517687817. shtml。

② 参见《注册资本取消了，虚假出资罪何时休》，载《央视网》，http：//jingji. cntv. cn/2013/10/29/ARTI1383029517687817. shtml。

跑得太快

注册资本作用甚微

到这里，我们可以说，注册资本无非是一个威严的稻草人，它昂着高高的头，挥舞着长长的布条，瞪着一双黑黑的大眼珠，却看着头上的麻雀无可奈何。

顾雏军用超比例的无形资产出资，并没有影响到顺德格林柯尔收购科龙电器。收购后，顾雏军对科龙电器进行了大刀阔斧的民营化重组改造，使公司迅速摆脱困境，2002 年顺德格林柯尔接管科龙电器，当年扭亏为盈，盈利高达 1.01 亿元。[①] 2005 年，顾雏军被捕，科龙电器一度生产、销售陷入停滞，资金链断裂，一个会计年度就亏损近 37 亿元，创当时国内上市公司亏损之最。

资本不实不见得能搞垮一家公司，查处资本不实一定能搞垮一家公司。

① 参见李秀江：《顾雏军：依法较真到底》，载《中国民商》2015 年第 7 期。

面对普遍性违法和选择性执法并存的尴尬局面，1993 年《公司法》的资本制度已经成为众矢之的。

在 2004 年“两会”期间，有 601 位全国人大代表和 13 位全国政协委员提出建议、议案或者提案，要求修订公司法。国务院有关部门、一些地方人民政府、企业和专家学者也通过不同形式表达了修订《公司法》的意见和建议。[①] 最终，《公司法》在 2005 年进行了修订。

事实证明，这是一次非常成功的修订。

① 参见国务院法制办公室：《关于〈中华人民共和国公司法（修订草案）〉的说明》，2005 年 2 月 25 日。

第六章　公司制度的稳步发展

一、2005 年《公司法》

2005 年《公司法》修订是《公司法》实施后第一次大修订，原来总共 230 个条文中，修订草案新增加 44 条，删除 13 条，修改 91 条。这样大面积的修改，在我国是较为少见的。

2005 年《公司法》最引人注目的是资本制度方面的改革，主要修改内容是以下 5 项：

（1）有限公司最低注册资本一律降到 3 万元。

（2）可以分期出资。

（3）出资方式不再严格限制为 5 种。

（4）无形资产出资比例最高提高到 70%。

（5）取消公司转投资不超过净资产 50% 的限制。

■ 从安全到效率

资本制度是公司法最核心的制度之一，在进行资本制度设计的时候需要考虑是否符合三个“有利于”原则：有利于促进交易自由、有利于提升交易效率、有利于维护交易安全。

用三个“有利于”原则来看 1993 年《公司法》，就会发现它的整体架构是围绕着有利于维护交易安全来搭建的。因为要以保障债权人利益为目标，所以规定了高额的最低注册资本金额，以及严格的资本维持制度。

但理想很丰满，现实很骨感。

严格的资本制度并没有很好地维护经济秩序，反而造成了违法者横行无忌，守法者举步维艰的糟糕局面。结果就是，交易安全没有有效提升，交易自由和交易效率反而受到严重影响。在这种情况下，立法价值向效率回归，实在是一件再自然不过的事情。

市场是不断变化的，必须由参与者随时调整经营策略，所以股东和公司就需要更多的自主权。一个公司需要多少注册资本，注册资本什么时候缴付，用什么资产投资，由股东决定就好了，法律不再设置严格的限制。至于争议很大的转投资不超过净资产 50% 的限制，则直接取消。

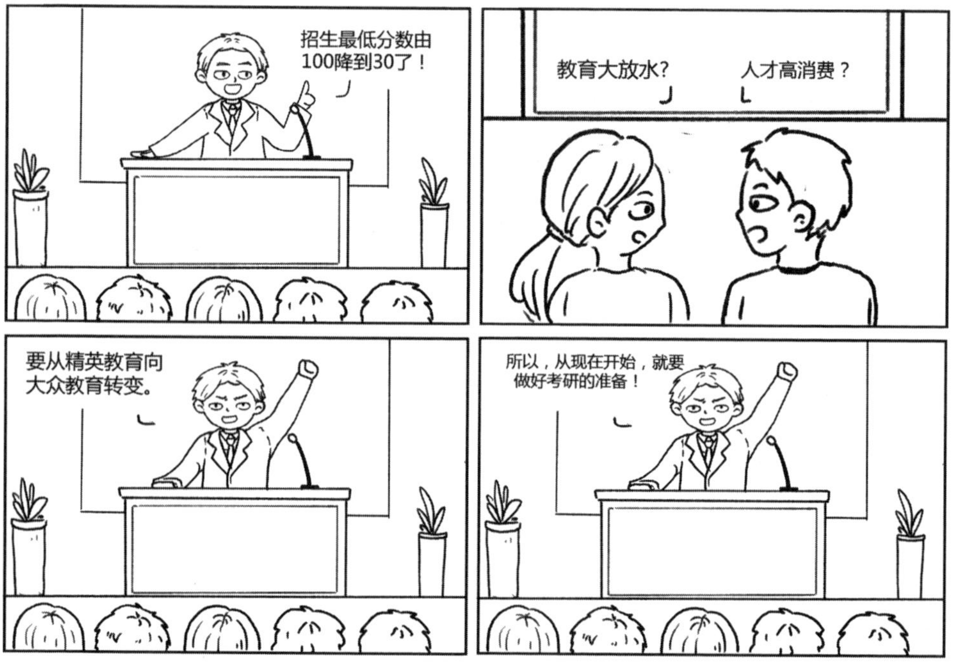

竞争升级

从促进国企改革到促进社会投资

1993 年《公司法》立法的主要目的之一是为国有企业改革服务，公司法也被认为是“国企改革的法”，强调规范、限制和管理，忽略了支持、鼓励和引导。①

① 参见赵旭东：《新〈公司法〉的突破与创新》，载《国家检察官学院学报》2007 年第 1 期。

2005 年《公司法》改变了这个认识，将公司法作为面向所有市场主体的法，从限制投资转向促进社会投资，包括对各种投资主体行为的鼓励、对各种投资资源的充分利用、对各种投资形式和投资渠道的开拓。

在投资形式上，2005 年《公司法》引进了一个新的公司形式：一人有限责任公司（一人公司）。

二、一人有限责任公司

■ 一人有限责任公司

传统公司法理论认为，公司是社团法人，所以股东应当是复数的。[①] 这种论述一经追问，就会陷入同语反复。

在 1993 年《公司法》中，只允许国有独资有限公司，不允许其他投资主体设立只有一个股东的公司。

虽然法律不允许，但是实质上的一人公司早在 2005 年《公司法》修改之前就存在了，最为典型的就是股权代持。这种公司股东登记的是两个，但是因为股权代持，实质上只有一个。在司法实践中，股权代持合同一般认为是有效的，这就使得限制股东人数失去了意义。

公司两个股东，甲股东持股比例为 99%，乙股东持股比例为 1%，基本就可以判断公司实质上只有一个股东。如果一个股东持股比例为 99.97%，剩下股东合计持股比例为 0.03%，这种只在形式上有多个股东的公司，法律上能承认吗？我们先来看一个外国的古老案例。

■ 萨罗姆诉萨罗姆公司案[②]

这是英国的一个案件，发生在 1897 年，案件主人公名叫萨罗姆。

萨罗姆是做鞋子生意的，他想成立一家公司来经营他的事业。根据英国当时的公司法，公司必须有 7 位股东。萨罗姆自己 1 个人，老婆 1 个人，还有

① 参见朱慈蕴：《一人公司对传统公司法的冲击》，载《中国法学》2002 年第 1 期。

② See Salomon v. Salomon & Co. Ltd.

5 个儿子，刚刚好 7 个人。

于是，公司成立了，名字就叫萨罗姆公司，公司股东为萨罗姆夫妇和 5 个儿子。公司总计发行了 20,007 股，萨罗姆自己持有 20,001 股，持股比例约为 99.97%；妻子和 5 个儿子每人持有 1 股，合起来持股比例约为 0.03%。

1 年以后，萨罗姆公司经营失败而解散。在得知公司资不抵债后，债权人告上法庭，称公司只不过是萨罗姆逃债的工具，要求萨罗姆个人承担责任。

事实一目了然，公司其他 6 个股东确实是凑数的。该案萨罗姆一直败诉，一路上诉到英国的最高法院：英国上议院。

萨罗姆是死马当活马医，没想到真的翻了盘，而且是以一致同意的方式翻了盘，可谓完胜。

一点都不能忍

上议院认为，萨罗姆对公司债务不承担责任。只要依法组织设立公司，该公司就取得独立人格，即使公司操控在一位或者少数股东手中，其余股东仅具有象征性意义，也不影响公司法人地位。[①]

萨罗姆诉萨罗姆公司案是英国公司法历史上著名的案例，至今仍被不断援引和使用。

一人公司被广泛承认

随着经济和社会的发展，公司法理论也在发生着变化。在现代立法上，公司是不是社团已经不重要，重要的是有没有独立的财产。[②] 这种立法思路的变化，导致企业法内部越来越趋同。

举例来说，现在公司和合伙的区别已经相当模糊，大家选择企业形式的时候，决定性因素往往不是资本制度、管理模式，而是税负高低、能不能为员工购买“五险一金”等其他原因。

在这种情况下，放开一人公司的限制，能够促进中小企业的发展，扩大就业机会，繁荣经济，何乐而不为？所以，欧盟各国、美国、日本等几十个国家在立法上纷纷承认了一人公司的法律地位。

一人公司的限制

2005 年《公司法》修改的时候，我们顺应历史潮流，承认了一人公司的地位，但相比其他公司，多出了一些限制性规定：

（1）注册资本至少 10 万元，而且要在设立的时候缴足。

（2）一个自然人只能设立一个一人公司。

（3）股东不能证明公司财产独立于股东自己的财产的，应当对公司债务承担连带责任。

对一人公司最低注册资本的要求，在 2013 年《公司法》修改时废除；一个自然人只能设立一个一人公司的规定，在 2023 年《公司法》修改时废除。2023 年《公司法》在修改时，同时拓展了一人公司的形式，除了只有一个股东的有限公司，股东也可以设立只有一个股东的股份有限公司。而“股东不能证明财产独立

---

① See *Salomon v Salomon – Case Summary*, Law Teacher（22nd Oct. 2021），https：//www. law-teacher. net/cases/salomon – v – salomon. php.

② 参见冯珏：《法人理论之社会基础的更新：从社团到企业》，载《南大法学》2021 年第 2 期。

于股东自己财产的，应当对公司债务承担连带责任”的规定，则一直沿用到现在。

股东对公司债务可能承担连带责任的规定，明显对一人公司股东提出了更高的要求。

我们从一个案例来看一看，这个规定到底有什么作用。

三、一人公司的风险

2004 年，郎咸平炮轰顾雏军，掀起了“郎顾之争”，这一场“讨伐”，让他如愿以偿成为一个明星级经济学家。① 2015 年，郎咸平诉上海某文化传播有限公司、缪某晶买卖合同纠纷案，就是一个典型的一人公司纠纷。

2012 年 7 月，郎咸平和上海某文化传播公司签订了一份《买卖合同》，郎咸平向该公司购买佛像、画作、家具等。这个公司是一家一人公司，只有缪某晶一个股东。合同签订后，郎咸平贷了 900 万元，委托银行直接把钱付给了上海某文化传播公司，上海某文化传播公司把款收了，但是一直未交货。

郎咸平诉至法院，要求文化传播公司返还货款，同时要求缪某晶作为唯一股东承担连带责任。

一审法院判决上海某文化传播公司返还郎咸平货款，但要求缪某晶承担连带责任的请求被驳回。上海某文化传播公司注册资本仅为 10 万元，估计也没什么财产，不怕郎咸平来执行，大不了就破产。所以，虽然输了官司，被告方应该是很满意的。

缪某晶满意了，意味着郎咸平并不满意，他提起了上诉。

二审法院认为，上海某文化传播公司仅有缪某晶一个股东，属于一人有限责任公司，缪某晶作为公司唯一的股东，应当举证证明个人财产和公司财产是互相独立的。缪某晶没有提供证据证明公司财产是独立的，应当承担举证不能的责任。二审法院最终支持了郎咸平的上诉请求，判决缪某晶对上海某文化传播公司的还款义务承担连带责任。②

缪某晶官司从赢到输，涉及一个法律解释的问题。

---

① 参见吴晓波：《激荡三十年：中国企业 1978—2008》（下），中信出版社 2017 年版，第 158—181 页。

② 上海市第二中级人民法院民事判决书，（2015）沪二中民一（民）终字第 1347 号。

《公司法》第 63 条规定：一人有限责任公司的股东不能证明公司财产独立于股东自己的财产的，应当对公司债务承担连带责任。

这一条规定颇有含糊之处。

一审法院的理解是，郎咸平应该举出初步证据，证明公司的财产不独立，然后缪某晶才有义务证明公司的财产独立。而二审法院显然不认为郎咸平需要就此举证，而是认定缪某晶本来就有义务证明公司的财产独立于股东。因为缪某晶没有提供财务报表、审计报告等资料进行证明，所以二审法院认定缪某晶承担连带责任。

两个法院认定的差异在于开始的假定不同。

一审法院的逻辑是“人之初，性本善”，首先相信一人公司是好的，有证据证明才能说它有问题；二审法院的逻辑就是“人性本恶”，先假定一人公司有问题，股东有义务自证清白。

要消除一人公司的风险，其实很简单。事情发生后，缪某晶的上海某文化传播公司火速增加了一个股东，从一人公司变成了一个普通的有限责任公司。

人性问题

四、公司人格否认

公司人格否认的起源

从郎咸平和缪某晶的诉讼结果可以看到，一人公司设立虽然容易，但是风险很大，股东很容易承担连带责任。

股东对公司承担连带责任，被称为“公司人格否认”，也叫“揭开公司面纱”。二者含义是一样的，就是公司已经不再具有独立的法人资格，股东因此要承担无限责任。①

风水轮流转

① 美国习惯称为“刺破公司面纱”（piercing the corporate veil），德国称为“股东直索责任”（Durchgriff），有人认为这些称呼含义并不相同，且人格否认用语不当，应当为“无视法人人格”。为方便起见，本文采用最高人民法院“人格否认”的概念。参见虞政平：《公司法案例教学》（上），人民法院出版社 2018 年版，第 320—321 页；董子源：《中国公司人格否认制度研究综述——以 1992 年至今的 CLSCI 期刊有关论文为样本》，载《法制与社会》2018 年第 36 期。

公司人格否认制度最早起源于美国。

1905 年，在美国诉密尔沃基冷藏运输公司一案中，桑伯恩（Sanborn）法官认为，如果公司的法人人格被用来妨害公共利益、掩盖不正当行为、保护欺诈行为或为罪行辩护，公司在法律上将被认为是人的组合。[①]

后来，很多国家的法院在案件审理中，都采用了人格否认的制度，但并没有成文法的规定，直到我国 2005 年《公司法》。

2005 年《公司法》的创举

我国 2005 年《公司法》作为成文法规定了公司人格否认制度，这在世界立法史上是首创之举。除了一人公司的公司人格否认，2005 年《公司法》还将公司人格否认制度普遍化和成文化，规定在第 20 条并延续至今（2023 年《公司法》第 23 条）。不仅如此，公司人格否认制度被后来的《民法总则》（已失效）和《民法典》借鉴，化身为营利法人人格否认制度。

众所周知，有限责任是公司法的基础，如果普遍否认有限责任制度，那么整个公司法的巍巍大厦必将根基不稳，随时有倾覆的危险。当然，从另一方面讲，适度存在的公司人格否认制度，其威慑力可以促进公司规范运作，有限责任自然也就有了更强的正当性。[②]

模糊的标准

对于公司人格否认，各国在实践中虽然广泛接受，但在具体应用中都比较慎重，而且理由五花八门，各不相同。在美国的一个案件中，法官在判决中甚至总结了之前案件中采用的 20 种需要考虑的因素，[③] 以至于有人笑称，人格否认能否成立无异于乐透抽奖，就看手气如何。

由于公司人格否认制度适用条件模糊，在 2005 年《公司法》出台后，有些经济主体为了转嫁经营风险甚至恶意侵占国有资产，滥用公司人格否认制

---

① United States v. Milwaukee Refrigerator Transit Co., 142 Fed. 247 (E. D. Wis., 1905).

② 参见虞政平：《论股东有限责任——现代公司法律之基石》，中国政法大学 2001 年博士学位论文，第 190 页。

③ Associated Vendors, Inc. v. Oakland Meat Co., 210 Cal App2d 825.

度，在司法实践中出现了公司人格否认制度的滥用，严重影响了经济运行的平稳，导致市场上交易主体的交易风险激增，不少国企单位因此损失惨重。2014 年，一些十二届全国人大代表建议明确公司人格否认制度的适用条件。[①]

对于人大代表的建议，最高人民法院书面进行了答复。

最高人民法院认为，公司人格否认还有很多问题需要进一步研究，但法人人格独立是公司法的基本原则，人格否认是公司制度的例外，因此，要从严掌握法人人格否认制度的适用条件。[②]

■ 三种理由

到了 2019 年，最高人民法院认为时机已到，在《全国法院民商事审判工作会议纪要》（以下简称《九民纪要》）[③] 中详细列举了人格混同、过度支配与控制、资本显著不足三种主要的公司人格否认理由。

1. 人格混同

人格混同是最常见的公司人格否认的理由，指的是公司和股东之间财产、业务、账簿、员工、住所等无法区分，其中财产混同和业务混同对判决结果影响最大。俗话说，“亲兄弟，明算账”，既然两个人好得像一个人，比亲兄弟还亲，那就按照一个人对待，没毛病。

2. 过度支配与控制

母子公司之间一定存在支配与控制，但是超过了正常的度，就会构成过度支配与控制。是否过度支配与控制，通常会结合是不是存在明显的欺诈等道德判断来认定，比如母子公司之间进行交易安排，由母公司享有收益，子公司承担损失，这种故意损害子公司债权人利益的行为，一定是不被接受的。

3. 资本显著不足

这个比较容易理解，就是指股东投入的资本和公司经营风险相比明显不匹配。比如，公司经营风险是 100—200 元，投入 1 元那就是明显不匹配。但

① 十二届全国人大第二次会议第 4991 号建议。

② 最高人民法院《关于严格规定公司人格否定制度适用条件的建议及答复（2014 年度第 4991 号）》，2014 年 6 月 24 日。

③ 关于《九民纪要》，详见第七章第八部分。

是要是投入 10 元呢？这就有点含糊了。要是 30 元呢，80 元呢？

对此，《九民纪要》认为："资本显著不足的判断标准有很大的模糊性，特别是要与公司采取'以小博大'的正常经营方式相区分，因此在适用时要十分谨慎，应当与其他因素结合起来综合判断。"

因为"以小博大"并不违法，所以在实践中，资本显著不足在三个标准中也是适用最少的。[①]

公司人格否认制度在具体适用中情况各不相同，我们来看几个案例。

■ 股东和公司人格混同

北京某生物公司有若干股东，其中两位股东为一对夫妻，这对夫妻也是生物公司的实际控制人。

在一个案件中，原告要求该夫妻对生物公司的债务承担连带责任，理由是公司的收支和股东的收支混为一体，构成财产混同。

审理法院发现，生物公司和该夫妻之间曾多次进行转账，且没有合理理由，于是认定三被告财务严重混同，本案构成公司人格否认，判决该夫妻对生物公司的义务承担连带责任。

因为股东和公司之间存在管理和控制关系，所以这种公司人格否认也被称为公司人格纵向否认，这也是现实中最常见的公司人格否认的形式。

■ 公司之间人格混同

除了纵向的公司人格否认，还存在横向的公司人格否认。

在最高人民法院的一个指导案例[②]中，就判定三个彼此之间没有持股关系的关联公司人格混同，主要理由为：

（1）人员混同。三个公司的经理、财务负责人、出纳会计、工商手续经办人均相同，其他管理人员亦存在交叉任职的情形，被告 A 的人事任免存在

---

① 参见宋朗：《企业集团"债务连坐"风险及防范——来自 471 份判决书的经验证据》，载《西南政法大学学报》2021 年第 1 期。

② 参见徐工集团工程机械股份有限公司诉成都川交工贸有限责任公司等买卖合同纠纷案，最高人民法院指导案例 15 号（2013 年）。

由被告 B 发文决定的情形。

（2）业务混同。三个公司实际经营中均涉及工程机械相关业务，经销过程中存在共用销售手册、经销协议的情形，而且三个公司对外进行宣传时信息混同。

（3）财务混同。三个公司使用共同账户，以王某某的签字作为具体用款依据，其中的资金及支配都无法证明按照公司进行了区分；三个公司与原告之间的债权债务、业绩、账务及返利均计算在被告 A 名下。

法院最后认定，三个公司之间表征人格的因素（人员、业务、财务等）高度混同，导致各自财产无法区分，已丧失独立人格，构成人格混同，因此被告 B、被告 C 对被告 A 所欠原告债务承担连带清偿责任。

小结

公司人格否认可以直接追究股东或其他公司的责任，威力巨大。但是如果滥用，就会导致有限责任名存实亡，和鼓励投资、发展经济的目标南辕北辙。

从整体上讲，公司人格否认制度并非一般性原则，只能是有限责任的例外。法院在审理公司人格否认案件上一般还是持谨慎的态度，公司人格可否认可不否认时，多半倾向于不否认。

五、公司年检

年检的起源

工商部门很早就建立了公司的年检制度，但是具体是从何时开始的，并没有确切的证据。1982 年，原国家工商总局确立了企业法人年度检验制度，1988 年，国务院通过立法，正式确立了企业年检制度。

从性质上来讲，年检是计划经济思维的产物。一方面，政府对公司、市场不放心，有意加强监管；另一方面，政府的日常监督管理系统不发达，只能采取每年一次的年度检验。在实践中，各地工商机关对企业年检采取的办法各不相同。[①]

到了1994年，“清三无”行动让企业年检声名大噪。通过年检，一大批无资金、无场地、无机构的企业得到了清理。[②] 企业年检还和成品油、粮食、棉花、农资等领域流通秩序的整顿结合，成了抑制通货膨胀的一个有效而及时的宏观调控手段。[③]

1996年的规定

1996年，原国家工商总局制定了《企业年度检验办法》，要求公司在年审时提交年度审计报告，并明确年检的主要内容为5项：

（1）企业登记事项执行和变动情况。

（2）股东或者出资人的出资或提供合作条件的情况。

（3）企业对外投资情况。

（4）企业设立分支机构情况。

（5）企业生产经营情况。

2006年的规定

2005年《公司法》修改以后，配套的法规、规定也随之进行了修改，其中就包括《企业年度检验办法》。《企业年度检验办法》的上位法是《公司登记管理条例》。对于年检的内容，原《公司登记管理条例》（2016年，已失效）只有一句粗略的描述：公司登记机关应当根据公司提交的年度检验材料，对与公司登记事项有关的情况进行审查。

更新后的《企业年度检验办法》把审查内容增加到了11项：

（1）公司是否按照规定使用公司名称，改变名称是否按照规定办理变更登记；

（2）公司改变住所是否按照规定办理变更登记；

① 参见《年检制度将何去何从》，载法律快车2019年7月22日，https://www.lawtime.cn/zhishi/a1156634.html。

② 参见《95年度全国内资企业年检报告》，载《工商行政管理》1996年第18期。

③ 参见《年检的过去 现在 将来》，载《工商行政管理》1996年第18期。

（3）公司变更法定代表人是否按照规定办理变更登记；

（4）公司有无虚报注册资本行为，股东、发起人是否按照规定缴纳出资以及有无抽逃出资行为；

（5）经营范围中属于企业登记前置行政许可的经营项目的许可证件、批准文件是否被撤销、吊销或者有效期届满，经营活动是否在登记的经营范围之内；

（6）股东、发起人转让股权是否按照规定办理变更登记；

（7）营业期限是否到期；

（8）公司修改章程，变更董事、监事、经理，是否按照规定办理备案手续；

（9）设立分公司是否按照规定办理备案手续，是否有分公司被撤销、依法责令关闭、吊销营业执照的情况；

（10）公司进入清算程序后，清算组是否按照规定办理备案手续；

（11）一个自然人是否投资设立多个一人有限责任公司。

从1996年到2006年，10年间全国公司数量大幅度增加，年检工作内容不但没有减少，反而大幅度增加。[①] 从工作积极性、主动性方面来说，原国家工商总局的态度毫无问题。

根据原《公司登记管理条例》（2016年，已失效）的规定，年检时间为4个月，从每年的3月1日到6月30日。原国家工商总局制定了11项审查目标，但要想实现，无疑是一个巨大的考验。

■ 形式审查

工作最终还是要靠人做的，年检庞大的工作量顿时让当时的工商局手忙脚乱。以四川省遂宁市原工商局为例，2010年需要年检的公司为7212家，负责年检的窗口工作人员只有3名，平均每人要处理2404家公司的年检工作，相当于每个工作日每人要处理约27家公司的年检工作。而且，该3名工作人员平时还需要办理公司设立、变更和注销等事务性工作，工作之繁重，可见

① 参见李先娅：《我国公司年检制度研究》，西南大学2012年硕士学位论文，第15页。

一斑。[①]

当时工商部门人手的不足，导致年检变成了形式审查。而纯粹的形式审查，无法实现通过年检对公司进行有效监管的目标。仍以四川省遂宁市原工商局为例，从2006年到2012年，该局共查办“两虚一逃”案件122件，没有一件是通过年检发现的。[②]

麻烦的年检

年检监管的目的没有实现，每年给企业却是添加了实实在在的麻烦。

山东省某集团公司负责人这样描述传统年检：公司30多家企业的所有财务报表、审计报告等材料，要在3个月内报审完毕，每一家企业需出具三份审计报告，一份600元至700元，一家企业光审计费就要2000元左右。企业把申报材料送到市场监管部门预审时，由于信息不对称，申报材料常常被退回。“上报，退回；再修改，再上报”，每一家企业通过年检大关，最少需要往返四五次。[③]

在传统年检方式下，山东省企业一次性通过率不足10%。[④]

从2008年开始，原山东省工商局推出网上年检，网上年检和传统年检相比可减少成本超过10亿元，通过率达到100%。[⑤] 这一方面说明市场监管部门在为企业办实事，另一方面也说明了传统年检负担之重，作用之微。

更有甚者，有的地方市场监管部门借年检之机“搭车”收费，要求企业缴纳个体劳动者协会或私营企业协会会费才能年检。

随着时间的推移，公司年检逐渐异化为形式主义和收费项目，存在的合理性遭到了越来越多的怀疑。

---

① 参见王丽：《公司年检的困境及对策分析》，西南政法大学2013年硕士学位论文，第2页。

② 参见王丽：《公司年检的困境及对策分析》，西南政法大学2013年硕士学位论文，第3页。

③ 参见李亮科、马慧萍：《为企业节省成本逾10亿元》，载《中国纪检监察报》2009年9月1日，第1版。

④ 参见李亮科、马慧萍：《为企业节省成本逾10亿元》，载《中国纪检监察报》2009年9月1日，第1版。

⑤ 参见李亮科、马慧萍：《为企业节省成本逾10亿元》，载《中国纪检监察报》2009年9月1日，第1版。

2014 年 3 月 1 日，原国家工商总局《关于停止企业年度检验工作的通知》（工商企字〔2014〕28 号）（已失效）实施，标志着实施了 32 年的企业法人年度检验制度被公司年度报告公示制度替代，前者正式退出历史的舞台。

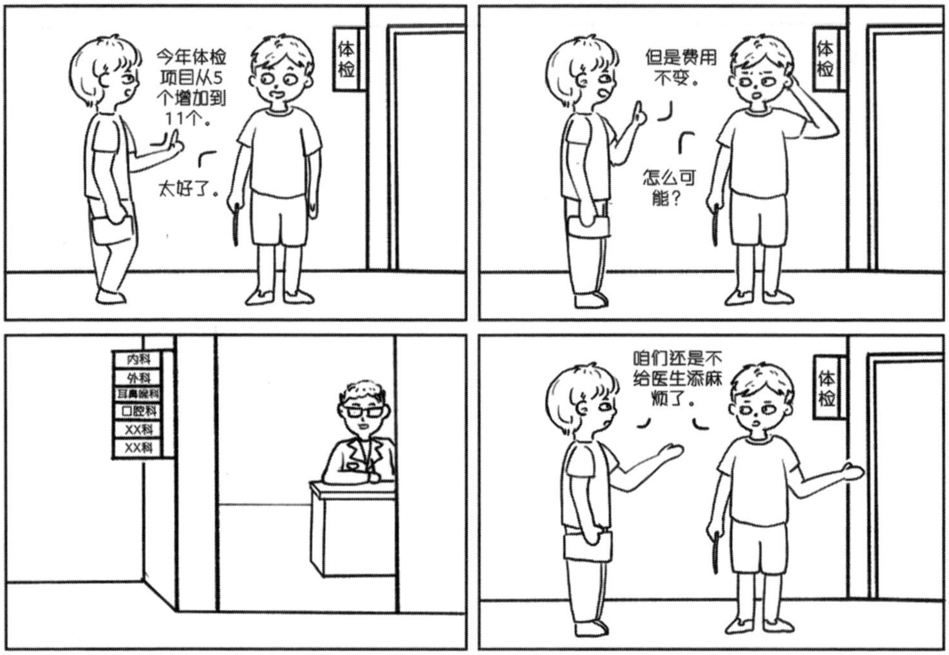

全能医生

第七章 对 赌 协 议

一、蒙牛的对赌传奇

时间要追溯至2002年的除夕之夜。

这一年，一个中年男人被邀请参加央视春节联欢晚会。这个中年男人在4年前丢了工作，因年龄超过40岁在就业市场无人问津，不得不自主创业，在无市场、无工厂、无奶源的三无环境下开启了一段乳业传奇。①

他，就是牛根生，蒙牛乳业的创始人。

牛根生笃信"飞船定律"：不是在高速中成长，就是在高速中毁灭。如果达不到环绕速度，那么只能掉下来；只有超越环绕速度，企业才能永续发展。②

蒙牛成立于1999年，当时在全国乳业企业中排名第1116位。在牛根生的带领下，蒙牛以平均一天超越一个同行的速度，在2002年的时候已经位列全国第四。③

蒙牛一路狂飙，发展到了全国前列，但是也面临严峻的资金短缺问题。当时，深交所主板已经停发新股，全力准备创业板，蒙牛也想准备借创业板的东风第二次发力。就在这时，全球互联网泡沫在2001年破裂，规划中的创业板瞬间冰封。

创业板指望不上，就必须找到新的动力。敢问路在何方？牛根生坐在春

---

① 参见晨雨：《牛根生创业：置之死地而后生》，载《经理日报》2009年12月28日，B02版。

② 参见禹天：《蒙牛上市，快中理财》，载《中国电子商务》2007年第Z1期。

③ 参见禹天：《蒙牛上市，快中理财》，载《中国电子商务》2007年第Z1期。

晚的现场，满脑子都是这个问题。当新春的钟声敲响，举国欢庆马年到来的时候，牛根生相信自己已经找到了答案——他在这个晚会上结识了坐在旁边的摩根士丹利（Morgan Stanley）的投资经理。①

摩根士丹利在投资界有一个绰号叫“大摩”，总部位于纽约，世界五百强中有一席之地，是世界最佳投资银行奖项的“常客”。

“大摩”在20世纪90年代中期就进入中国，无论是牛根生这样的企业家，还是蒙牛这样的企业，都是“大摩”不容错过的标的。

旱路不通走水路，内资市场走不通走外资市场。牛根生和“大摩”一拍即合，“大摩”给蒙牛投资，蒙牛资产去香港上市。摩根士丹利找来了投资界同行鼎晖和英联参谋，组成投资人团体。以牛根生为首的企业管理人员组成了管理层团队。

转眼到了2004年，在投资人的助力下，蒙牛在香港上市已经水到渠成，只差临门一脚。在上市之前，双方签订了一份估值调整协议，规定2003年至2006年，蒙牛的业绩复合年增长率不低于50%，蒙牛的复合年盈利增长率如果低于50%，将会输给投资人团体一定数量的股份，如果超过50%，投资人团体将转让一定数量的股份给蒙牛。

在大部分媒体看来，蒙牛要想实现协议规定的3倍行业平均水平的增长率，无异于是在进行一场“豪赌”。一些所谓的主流媒体更是用“套在蒙牛身上的枷锁”等字眼来形容这项估值调整协议。②

从标的来看，这个协议确实当得起“豪赌”的称呼。根据协议规定，投资人团体最多要给管理人团队7830万股股票，反之亦然。③ 按照稍后向公众发行的价格计算，该部分股票价值约3亿港元。

从协议规定来看，这似乎是一个不是你给我就是我给你的零和博弈，但事实并非如此。很显然，如果管理层团队胜出，投资人虽然损失了价值几亿元的股票，但他们已经持有的股票会因此大大增值。另外，投资人团队手里

① 参见禹天：《蒙牛上市，快中理财》，载《中国电子商务》2007年第Z1期。

② 参见禹天：《蒙牛上市，快中理财》，载《中国电子商务》2007年第Z1期。

③ 参见魏宗凯：《对赌协议后患无穷 中国乳企应谨慎融资》，载《中国食品质量报》2010年12月9日，B01版。

还有一笔本金确定、盈利却上不封顶的投资。

2003 年，三家投资人向蒙牛注资 3523 万美元，同时还和蒙牛签订了一份特殊的文件——可换股文据。根据可换股文据，投资人未来可以用 0.74 港元/股的价格将投资换成约 4 亿股上市公司股票。不管市场上股价是多少，换股价都是 0.74 港元。

只要 4 亿股股票能够大幅上涨，给管理团队几千万股那自然是心甘情愿的。

投资人在春天埋下了种子，现在就要等待秋天的收获。而能不能丰收，就看管理层能否如期完成对赌的增长目标。很显然，如果蒙牛增长乏力，导致每股市价低于 0.74 港元，则该转股权将一文不值。

2005 年 4 月，蒙牛 2004 年年度报告出台，公司表现超出预期，蒙牛每股股价已经在 5 港元左右。考虑到未来的不确定性，投资人想尽快变现，于是提前结束了和管理层的对赌。①

投资人的心思

① 参见中国蒙牛乳业有限公司 2005 年 4 月 6 日公告《提早终止估值调整机制》。

根据相关估算，“大摩”该笔可换股文据投资，用了2年左右的时间，获得8倍以上增值，对蒙牛整体的投资，用了3年时间，增值4倍以上。

投资人赚得盆满钵满，管理人的团队也收获不菲。2005年，牛根生个人以财富8.3亿元荣登当年“《新财富》500富人榜”第221位，蒙牛此时成立刚刚6年。

蒙牛和牛根生的经历，堪称奇迹。蒙牛成功上市，管理层通过对赌协议也获得了不菲的收入。有了蒙牛这个成功的榜样，融资上市梦让其他乳业企业也都跃跃欲试，其中就包括李途纯的太子奶。

二、太子奶的对赌悲剧

1996年，李途纯成立株洲日出江南实业集团，该集团后改名为湖南太子奶生物科技有限公司，开始生产乳酸菌饮料。2005年，李途纯在小册子《千年构想》中提出，要把太子奶做成一家长盛不衰的千年企业。[①]

太子奶成立于1996年，这时才刚刚过去9个年头，距千年企业还有991年。但是，李途纯有这个底气，他在1997年的一场豪赌让自己信心爆棚，对赌的对手方在中国家喻户晓，那就是俗称“央视”的中央电视台。

从1994年开始，央视以拍卖的形式举办广告时段招标会，出价最高者被称为“标王”。标王虽然是一个虚衔，但能带来实实在在的利益，它以新闻事件的形式让中标品牌一夜间家喻户晓，进而带来巨额订单，孔府宴酒和秦池就是因为成了标王，业绩实现了爆发式增长。

李途纯看中了央视的广告效应，也想当标王，但是太子奶当时经营一般，连央视拍卖会的入场券都买不起。

没钱就找别人借。李途纯靠借来的20万元，成功跻身拍卖会现场。尽管是第一次参加如此隆重的盛会，但李途纯却表现出一种睥睨天下的气魄，他在谈笑风生间把日用消费品的竞标价叫到8888万元，这已远超太子奶当时的总资产。当央视宣布太子奶获得日用消费品标王时，陪同李途纯的几位高管

---

① 参见张萌萌：《太子奶“千年”梦碎始末》，载《国企管理》2018年第10期。

腿不停地哆嗦，大会结束时，他们甚至无法站起来。①

李途纯的这一场豪赌取得了巨大的成功。在这之后，太子奶赢得了远超竞标价的订单，全国各地的提货车纷纷涌到株洲太子奶工厂门口，有的车要排十几天才能提到货。②

豪赌

从 2001 年到 2006 年，太子奶创造了销售额连年翻番的奇迹，其公司也成为我国最大的乳酸菌奶饮料企业，市场份额高达 70% 以上，其主导产品日出牌太子奶成为中国乳品行业中唯一被列为国家火炬计划的高科技产品。

这时，英联找上门来。

英联，由英联邦投资集团（CDC Capital Partners）演变而来，在国际投资市场上虽不敢说是如雷贯耳，也称得上是妇孺皆知。李途纯知道，蒙牛刚

---

① 参见张萌萌：《太子奶“千年”梦碎始末》，载《国企管理》2018 年第 10 期。

② 参见张萌萌：《太子奶“千年”梦碎始末》，载《国企管理》2018 年第 10 期。另参见熊颖、守国：《太子奶易主 李途纯欲哭无泪》，载《新经济杂志》2009 年第 11 期。

刚靠着英联的投资，在资本市场上大放异彩。

英联是蒙牛三个投资者之一，蒙牛的投资大获成功，英联收获满满。美中不足的是，领投的是摩根士丹利，英联自己没有吃到最大的那块肉。不过没关系，中国市场潜力无穷，一个蒙牛成长了，还会有下一个“蒙牛”，英联认为太子奶就是下一个“蒙牛”。

英联相中太子奶，除了企业本身，还看中了中国乳酸菌饮料市场的光辉前景。当时，中国的乳酸菌饮料市场年增长率超过 25%，被称为中国奶业最后的黄金福地。①

李途纯对英联也很满意，毕竟英联是刚刚帮助蒙牛上市的投资机构，自己要实现千年梦想，英联无疑是最好的助力。

双方一拍即合。英联投桃报李，拉来了摩根士丹利，投行界的另一位大佬高盛听到了风声，也加入了投资人阵营。

投资怎么能没有“对赌协议”？

2006 年 11 月，李途纯和投资人签下协议，老规矩，增长率还是 50%，如果太子奶 3 年内完成增长目标，投资人输给李途纯股权。在李途纯这边，这次合作条件看起来比牛根生要好得多，如果业绩增长低于 30%，李途纯才输给投资人股权。②

就算是最悲观的观察家，也不得不承认，对于连续多年销售额增长 100% 的太子奶来说，年增长 30% 似乎太过保守，看起来只需“躺平”就可完成。

有了蒙牛的例子，三大投资巨头倾情相助，除了投资 7300 万美元，还促成了花旗为首的财团在 2007 年 9 月向太子奶提供 5 亿元低息贷款。③

国际巨头齐聚太子奶，让李途纯扬眉吐气，俨然已成为中国民营企业资本运作的旗手。

“好赌”的李途纯没有想到，他的好运已经消失殆尽。

福无双至，祸不单行。这次，一连来了三场祸事。

第一场祸事，是 2007 年下半年原材料上涨。进口奶粉价格从 2.2 万

① 参见贺广华、曹昌：《谁能拯救太子奶》，载《中国经济周刊》2009 年第 27 期。

② 参见熊颖、守国：《太子奶易主 李途纯欲哭无泪》，载《新经济杂志》2009 年第 11 期。

③ 参见贺广华、曹昌：《谁能拯救太子奶》，载《中国经济周刊》2009 年第 27 期。

元/吨，上涨了一倍多到了5.3万元/吨，致使公司成本暴增，现金流极其紧张。一位内部员工称“最后超过半年的工资发不下，一些女工不得不用洗衣粉洗头发”。[①]

面对现金流危机，李途纯采用各种办法加强回款，并在2008年上半年启动了上市工作。没想到的是，上市工作尚未实质性展开，第二场祸事悄然袭来。

2007年，美国爆发次贷危机，随即发展成席卷全球的金融海啸。太子奶使用了国际资本，受到的国际金融海啸的冲击自然要大很多。2008年1月，花旗宣布，该行在2007年四季度亏损98.3亿美元。花旗泥菩萨过江，自身难保，拿着墨迹未干的贷款协议催太子奶提前还贷。

连挨两记闷棍，李途纯逼不得已，通过内部集资的方式筹募了9000万元应急。

2008年9月，中国乳品行业爆出“三聚氰胺”事件，这是击倒李途纯的第三场祸事。李途纯自信地认为，此事和自己无关，因为太子奶用的是进口奶粉，不含有三聚氰胺。没想到的是，“三聚氰胺”事件给中国整个乳品业造成毁灭性打击，覆巢之下，焉有完卵。

眼看香饽饽要变成赔钱货，投资人坐立不安。2008年10月，他们给李途纯下了最后通牒：如果不能在一个月内找到新的投资者，他们就要行使对赌协议的权利，接收李途纯在太子奶的控股权。

一个月后，李途纯没有找到新的投资者。2008年11月，三大投行亮出对赌协议“底牌”，在支付李途纯约5亿元转让款后，三大投行获得了李途纯持有的超过六成的太子奶股份，全面接管太子奶。但是因为李途纯的其他关联企业尚欠太子奶同等数额债务，两相抵销后，李途纯“净身出户”。[②]

三大投行此后聘请会计师事务所对太子奶做了尽职调查，结果让各方大吃一惊。据后来接管太子奶的高科奶业对外宣布的数据，太子奶资产25亿元，负债26亿元，净资产-1亿元，已经资不抵债。[③]

---

① 参见贺广华、曹昌：《谁能拯救太子奶》，载《中国经济周刊》2009年第27期。
② 参见贺广华、曹昌：《谁能拯救太子奶》，载《中国经济周刊》2009年第27期。
③ 参见贺广华、曹昌：《谁能拯救太子奶》，载《中国经济周刊》2009年第27期。

之前的太子奶有多辉煌，现在的太子奶就有多落寞。

三、对赌协议的法律性质

VAM 和对赌

对赌协议英文名字叫 VAM（Valuation Adjustment Mechanism），翻译成中文是“估值调整机制”，意思是说，现在投资的估值是按照未来业绩计算的，未来业绩如果不符合预期要进行估值调整。

要说估值调整什么文绉绉的不好理解，不过从内容来看，将来做得好多给钱，做得不好少给钱，这不就是拿业绩来赌吗？VAM 由此在中国得了“对赌协议”的大名。

众所周知，赌博是恶习亦是违法，甚至犯罪。对赌协议粘上了“赌”，会影响它的法律效力吗？

赌博这件事儿

赌博，指的是以偶然事实决定财物得失的活动，常见的赌博方式有扔骰子、打麻将、斗地主、赌球赛等。

赌博的危害不言而喻，但是又和人类天性有关，屡禁不绝。据说明太祖朱元璋为了整治南京城内的好赌之风，在秦淮河畔建了一座逍遥楼，楼上各种赌具应有尽有，但有严令一条：不给饭吃。

赌博之所以被法律制裁、舆论声讨，主要的原因就是它是一个零和的游戏，你输的就是我赢的，不创造任何财富不说，还宣扬了不劳而获的不良风气，也容易成为凶杀、盗窃、抢劫、贪污等罪行的导火索。

不过，世事无绝对，有一种赌博活动却广泛为法律所承认，这就是双赢性质的赌博。

赌博不好

双赢性质的赌博

传统的赌博比如百家乐，筹码扔出去，翻牌两瞪眼，不是归你就是归我。而双赢性质的赌博，则存在两边都获利的可能性，比如保险合同。

在一个保险合同里，出险之后，虽然投保人可以从保险公司收到保险金，但是投保人和保险公司都不希望风险发生，因为通常情况下的赔付不能覆盖投保人的全部损失，就像投保火灾险的工厂一定不希望工厂真的着火。

如果风险如愿没有发生，则双方皆大欢喜；如果风险发生了，对于投保方和保险公司来说是双输，双方都有损失。

保险合同是对抗风险性的合同，这一类的合同还有期货合同及金融衍生工具合同等。这些合同往往杠杆率很高，一旦控制不好，不但不能对抗风险，反而放大了风险，因此属于国家严管的对象，经营主体需要得到批准才能从事相关的业务。

除了对抗风险性合同，双赢性质的还有激励型合同，比如业绩提成合同，合同双方都希望业务能够成功，业绩提成能够拿到。律师的风险代理合同也是激励型合同，律师虽然有辛勤工作而一无所获的风险，但也有一旦成功收益翻倍甚至更高的可能性。这种约定能够激励律师尽职尽责完成受托事宜，为当事人争取最大的利益，也为自己争取最大的回报，显然具有双赢的特征。

对赌协议是激励型合同

对赌协议从本质上来看，显然属于激励型的合同。投资方订立对赌协议的目的就是希望输，因为输得越多，意味着企业经营越好，当然对自己越有利。

在对赌协议案件中，对赌失败方如果是公司或者股东，经常会质疑对赌协议的公平性，说投资人旱涝保收，无论企业经营好坏，投资人都没有风险。企业经营好了，大家皆大欢喜；企业经营不好，投资人连本带利拿回投资。

先不说这种说法与尊重合同的精神距离有多远，就从事实上来讲，尽管投资人在纸面上有很多权利，但是根本做不到旱涝保收。原因很简单：一旦公司经营失败，无论是公司自身，还是股东，往往都是债台高筑，毫无承担责任的能力。

就拿太子奶来说，公司要破产，股东没有钱，即便是再大牌的投资机构，也无法收回本金，利息更是一个奢望。在签了对赌协议之后，投资人和原股东、公司就变成了“一根绳上的蚂蚱”，要想单独上岸，绝无可能。也就是说，对赌协议虽以“赌”为名，但具有双赢或者双输的特征，在法律上并不是被禁止的赌博那一类。

让人意想不到的是，这么一个被广泛接受的制度安排，在 2010 年左右却出现了合法性的问题。

四、对赌协议和水土不服问题

造成对赌协议出现合法性问题的原因很简单：对赌协议不是依照我国的法律设计的。

国际资本早期在中国的投资，大部分是通过“两头在外”的方式来实现的：资本在海外投入，变现也在海外实现。国际资本采用这种“间接”的投资方式，是希望维持资本的自由流动，随时变现。

对于高盛、摩根士丹利们来说，投资的目的不是长期持有，而是将来高价退出，而资本市场无疑是最好的退出途径。

中国公司接受这种投资方式，除了获得融资，还有一个很重要的原因，那就是海外上市的需求。当时，公司如果想在A股上市，必须满足监管机构严格的要求，所以很多企业寄希望于国际市场，而这些国际投行有着丰富的资本市场经验，恰恰能够帮助公司在海外上市。

很显然，经营业绩好了，企业才能在资本市场上卖个好价钱，这也是对赌协议存在的最根本原因。表面上看，对赌协议是和控股股东、公司对赌，实质上是为了激励公司做出业绩，投行们待价而沽，随时准备在资本市场上高价套现。

海外资本市场经常涉及的国家和地区有美国、英国、中国香港特别行政区、英属维尔京群岛、开曼群岛、百慕大群岛等，依照这些地方的法律，对赌协议无疑是有效的。如果维持这种情况，无论是叫VAM，还是叫对赌协议，都不存在法律效力的问题。

2009年，一件影响中国投资市场的大事件发生了：创业板在深交所横空出世。

创业板的推出，意味着国内的投资有了明确的变现渠道。企业在创业板上市，不仅估值高，还不需要搭各种红筹架构曲折出境，无疑是国内企业的首选。而经历了30年的改革开放，中国的财富积累也非同小可。两相促进，我国本土的财务性投资行业迅速发展，对赌协议得到了广泛的应用。

除了财务性投资，另一个促进对赌协议发展的是上市公司快速发展的对外并购业务。在上市公司对外收购公司时，对赌条款已经成为标配。没有对赌条款（业绩保证条款），股东大会都不好通过。在上市公司控制权发生变更时，原实际控制人承诺上市公司未来的业绩，也被监管部门普遍认可。

对赌协议之前适用的法律基本都属英美法系，和中国的法律制度有明显的区别。根据中国法律，对赌协议一定是有效的吗？

胜诉最重要

五、股东和公司对赌无效

股东和债权人的身份冲突

在财务性投资轰轰烈烈发展起来的时候，很少有人考虑，财务投资人这种性质的股东，在中国传统的公司法制度里是不存在的。

公司法要保护的主要是三类主体的利益：公司、股东、债权人。

在这个三角关系里，公司只是一种工具，股东和债权人隔公司对峙，利益相当不同。公司控制在股东手里，一旦发生利益冲突，债权人必将处于劣势地位。股东和公司合伙坑害债权人的屡见不鲜，但是债权人和公司联合起来损害股东利益，无异于天方夜谭。

只有把钱留在公司，才能保证债权人的利益。

所以，传统公司法就在制度层面尽最大可能保护债权人的利益，给股东规定了很多的限制，保证公司维持足够的资本。反映在股东层面，对应的就是出资和不得抽逃出资义务。出资以后，股东要想从公司拿钱回来，必须要有合理的理由。公司法承认的合理理由也只有两种：分红和减资。

财务投资人和公司签订对赌协议后，财务投资人同时具有了两种身份：公司股东和公司债权人。作为公司股东，投资进去的钱除非分红或者减资，是不能拿回来的；作为公司债权人，公司完不成承诺就要给钱。

在股东和债权人身份冲突的时候，股东能否主张债权人的权利呢？世恒公司案中就出现了这个问题。

世恒公司案

2007 年，海富公司向世恒公司增资 2000 万元，世恒公司承诺 2008 年净利润不低于 3000 万元。结果，世恒公司实际的净利润只有 2.69 万元，于是海富公司起诉到法院，要求世恒公司按照合同约定赔偿 1998 万元。

一审法院认为，海富公司要的是分红，违反了法律规定，对赌协议无效，驳回所有诉讼请求。①

海富公司不服，说这怎么看都不是分红，于是提起上诉。

二审法院也觉得这不是分红，那是什么呢？很显然，不论是什么，都不是减资，因为没有进行任何减资程序。这种和公司对赌的安排既不是分红，也不是减资，它应该是有什么伪装。对了，名为联营，实为借贷。

二审法院认为，海富公司的增资是溢价进入的，所以除了股本金，超过部分的 1885 万元都是借贷，世恒公司和控股股东迪亚公司一起承担还款责任。②

世恒公司先赢后输，和迪亚公司一起向最高人民法院申请再审。

最高人民法院的标准

最高人民法院不但决定再审，而且决定提审。

---

① 参见兰州市中级人民法院民事判决书，（2010）兰法民三初字第 71 号。

② 参见甘肃省高级人民法院民事判决书，（2011）甘民二终字第 96 号。

决定再审是觉得原审判决可能有问题，决定提审是因为案情重大，有必要由上一级法院审理，而最高人民法院决定提审往往也是因为案件在全国有典型性意义。这一次，最核心的问题就是投资人和公司对赌是否具有法律效力。

最高人民法院的意见一共是三点：①

第一，对赌协议就是对赌协议，不是名为联营实为借贷。

第二，海富公司和世恒公司对赌，损害了公司和债权人的利益，是无效的。

第三，海富公司和迪亚公司的对赌，不损害公司和债权人利益，是有效的。

这里就建立了对赌协议的一个基本原则：投资人和股东对赌是有效的，和公司对赌是无效的。

看起来三次审理结果截然不同，但是考虑的核心问题其实是一样的，那就是海富公司是股东，到底应该承担什么义务。因为海富公司是世恒公司的股东，从世恒公司拿钱出来，必须符合现有的法律规定，要不就要另辟蹊径，按照实质重于形式的原则，认定为“名为联营，实为借贷”。

一审法院认为是分红固然不成立，但是最高人民法院以保护债权人为由，要求海富公司不从世恒公司拿走一分一毫，和基本的商业逻辑也有冲突。

财务投资人虽然是股东，但投资就是为了退出，具有鲜明的债权人属性。三次审理法院都关注了海富公司股东的身份，但没有一个法院从债权人的角度去看待这次投资。

对赌协议是舶来品，在我国是新生事物，各级法院不得不进行修改，来适用中国公司法的规定，难免磕磕绊绊，一步一坎。认定投资人只有股东的身份，简单倒是简单，但不利于企业融资，也和商业实践不符，改变是早晚的事情。

① 参见最高人民法院民事判决书，（2012）民提字第11号。

对赌协议无效

六、对赌协议的作用

最高人民法院在世恒公司案中定了一个原则：投资人和股东对赌是有效的，投资人和公司对赌是无效的。

虽然此后的法院在判决中基本都遵循了这个原则，但是仍然有不少人提出不同的意见，并呼吁给对赌协议以更多的宽容。

比如，一种代表性的意见认为：对于对赌协议这种新型投资活动，法律不应简单否定其合法性，应当给市场主体自由协商的空间，一方面体现了对合同自由原则的尊重，另一方面也利于维护市场交易的安全。①

那么，对赌协议的作用到底是什么？

① 参见杨明宇：《私募股权投资中对赌协议性质与合法性探析——兼评海富投资案》，载《证券市场导报》2014 年第 2 期。

对赌协议解决的问题

一般认为，对赌协议要解决的是以下3个方面的问题：①

（1）公司未来发展的不确定性；

（2）信息不对称；

（3）委托代理的风险。

财务投资人在投资中往往居于弱势地位，对公司真实情况不了解，对公司未来发展没把握，对公司管理层损害股东利益控制力不强。比如说，很多企业账本有所谓的内账和外账。内账是给自己看的，数字真实；外账是给外面的人看的，数字有很大的水分。

对赌协议其实是一种“黑箱”机制：投资人从箱子一边投入金钱，中间过程交给企业自己控制，自己关注的是另一边会不会出现预期的经营结果。这种简单易行的交易方法被市场广泛接受，说明可以有效减少市场交易成本。

根据科斯定理，市场交易成本越低，资源配置越有效率。从市场效率来说，法律应该支持对赌协议，而不是否定其效力。

有钱的公司和坏的债权人

随着讨论的深入，最高人民法院在世恒公司案中的认定标准也不断被从多方面讨论甚至是质疑。

最高人民法院认定的基础是，公司向股东按照对赌协议支付赔偿，会损害公司和债权人的利益。这个认定一旦和真实社会相对照，就会发现不一定符合现实。在公司财务状况不佳的时候，向股东按照对赌协议支付补偿可能会损害债权人的利益。但是，如果对赌协议履行完毕后，公司仍然能够如期履行全部债务，或者债权人知晓对赌协议的存在而仍然将资金借贷给公司，甚至以此为由抬高借款利率，在这些情况下，以债权人保护的理由否定对赌

---

① 参见陈朝毅：《“对赌协议”法律效力问题分析与制度建构》，中国政法大学2016年博士学位论文，第14—18页。

协议的效力就完全没有道理。①

这个说法像一把快刀，切中了传统公司法资本理论的固有缺点：僵化而无法变通。

有用的方法

七、股东的第一场胜利

随着时间的推移和理论讨论的深入，改变的力量在慢慢蓄积，这一次的主角是江苏省高级人民法院。

江苏省高级人民法院在2019年的华工公司诉扬锻公司一案中，突破了最高人民法院的规定，让对赌协议的支持者精神为之一振。

这个案件案情比较简单，华工公司向扬锻公司增资入股2200万元，约定

① 参见潘林：《“对赌协议第一案”的法律经济学分析》，载《法制与社会发展》2014年第4期。

如果扬锻公司在2014年年底前不能在境内资本市场上市，华工公司有权要求扬锻公司回购全部股份。扬锻公司没有按期完成上市的承诺，华工公司就行使权利，要求扬锻公司回购全部的股份。

那么，既然最高人民法院都判决认定股东和公司对赌是无效的，华工公司为什么还要签这一个合同？

非不为也，实不能也。最高人民法院关于世恒公司案的判例出在2014年，华工公司这个合同签订在2011年，要求华工公司未卜先知有点强人所难。

说起来，扬锻公司的运气也不太好。因为各种原因，证监会在2012年11月暂停IPO申报，这一停就是18个月。扬锻公司觉得在这种形势下申报IPO力有不逮，决定申报新三板，并要求华工公司给个意见。[①]

投资协议约定的是上市，新三板叫挂牌，二者性质不同，股票估值更是天差地别。华工公司不同意改到新三板挂牌，并要求扬锻公司按照合同约定，以本金加8%年息的价格回购股份。[②]

扬锻公司认为，协议关于回购的约定是无效的，拒绝回购股权。华工公司于是起诉要求扬锻公司履行回购义务。

一审法院认为，直接由公司支付对价而抛出股权，使股东可以脱离公司经营业绩、不承担公司经营风险而即当然获得约定收益，损害了公司、公司其他股东和公司债权人的权益，与《公司法》第20条资本维持、法人独立财产原则相悖。故该股权回购约定当属无效。[③]

一审判决驳回华工公司的诉讼请求。

华工公司提起上诉，对于本案涉及对赌协议效力，二审法院认为，相关法律和扬锻公司章程均明确公司不能从事该回购事宜，否则明显有悖公司资本维持这一基本原则和法律有关规定，故一审认定回购约定无效依据充分。[④]

二审判决驳回上诉，维持原判决。

---

① 参见江苏省高级人民法院民事判决书，(2019)苏民再62号。

② 参见江苏省高级人民法院民事判决书，(2019)苏民再62号。

③ 参见江苏省高级人民法院民事判决书，(2019)苏民再62号。

④ 参见江苏省高级人民法院民事判决书，(2019)苏民再62号。

从一审和二审的判决内容，可以清晰地看到世恒公司案的影响。

华工公司决定申请再审。这种一审、二审事实认定一致、判决一致的案件，想通过再审改判，很多人认为无非寻求心理安慰而已。

但是，这一次华工公司碰到了好运气。

股东和公司对赌无效，这种简单、粗暴的认定办法，多年来一直被理论界和实务界批评，最高人民法院内部也不乏反思的声音。世恒公司案5年以来，变革的力量逐渐增长，原来的规则已经岌岌可危。如果这个案子在2年，甚至1年前申请再审，结果可能会迥然不同。

负责再审的是江苏省高级人民法院。这个案子一审、二审法院都是它的下级法院，还是按照最高人民法院登在《最高人民法院公报》上的判决的思路判的，无论是从维护下级法院权威的角度，还是从维护上级法院权威的角度，都应该维持原判。就算是最刁钻的批评者，也挑不出任何毛病。但是，江苏省高级人民法院不怕麻烦，决定提审此案。

该案最核心的问题，还是对赌协议是否有效。对此，江苏省高级人民法院认为：华工公司在向扬锻集团公司注资后，同时具备该公司股东及该公司债权人的双重身份，如允许扬锻公司及原扬锻集团公司股东违反对赌协议的约定拒绝履行股份回购义务，则不仅损害华工公司作为债权人应享有的合法权益，亦会对华工公司股东及该公司债权人的利益造成侵害，有违商事活动的诚实信用原则及公平原则。①

投资人热泪盈眶，终于有人关注到他们的第二个身份了！股东当然也可以是债权人，合法的利益应当得到保护。

总而言之，华工公司债权人身份是坐实了。不过，这个特殊的债权人毕竟还有股东的身份，要支持他的请求还是要依照现有法律规定进行。江苏省高级人民法院认为，扬锻公司可以通过减资的方式回购华工公司股份。

最终判决结果是对赌协议有效，扬锻公司应当向华工公司支付股份回购款。

华工公司诉扬锻公司案只是个案，但反映了法院系统整体裁判思路的变

① 参见江苏省高级人民法院民事判决书，（2019）苏民再62号。

化，这当然也包括最高人民法院。

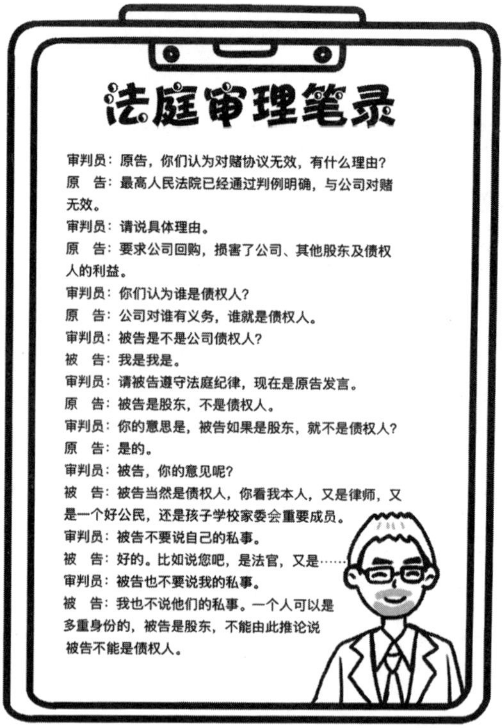

注：纯属虚构，和案件无关

八、《九民纪要》

■《九民纪要》

2019 年 7 月，就在华工公司诉扬锻公司案判决后没多久，全国法院民商事审判工作会议在哈尔滨召开，会议的成果全称为《全国法院民商事审判工作会议纪要》。

因为这是第九次全国法院民商事审判工作会议，会议纪要也被称为《九民纪要》。《九民纪要》这个称呼简明易懂，虽不是官方正式名称，但适用范围之广，引用次数之高，远超其正式名称。

《九民纪要》是对以往审判经验的归纳、总结，对指导审判工作有着重要的意义，和美国法学会的《法律重述》有异曲同工之妙。

《九民纪要》

如果说对赌协议在华工公司诉扬锻公司案中偶然翻身的话，那在《九民纪要》中可谓扬眉吐气，一雪前耻。

世恒公司案确定的原则是，投资人和公司对赌，因为股东身份问题当然无效。《九民纪要》则规定："投资方与目标公司订立的'对赌协议'在不存在法定无效事由的情况下，目标公司仅以存在股权回购或者金钱补偿约定为由，主张'对赌协议'无效的，人民法院不予支持……"① 也就是说，投资人和公司对赌，不再因为投资人的股东身份问题而使协议无效。

从 2014 年到 2019 年，短短 5 年时间，最高人民法院的态度为何来了一个 180 度的大转弯？

很显然，这和法律的改变没有关系。《公司法》在此期间只修改了一条内

---

① 《九民纪要》第 5 条。

容，是关于股份回购的。最高人民法院倒是公布了《关于适用〈中华人民共和国公司法〉若干问题的规定（四）》和《关于适用〈中华人民共和国公司法〉若干问题的规定（五）》，但是和对赌协议无关。

不变的只有改变

那么，在这个期间，到底是什么改变了呢？说起来时间不长，但是5年间改变的东西还真不少，我们逐一看一下。

1. 经济大环境的改变。

2010年，中国成为世界第二大经济体，成为世界经济稳定增长的重要力量。但是，随着经济体量的增大，维持高增长率难度越来越大。2013年3月，时任全国人大常委会委员长吴邦国在工作报告中指出，粗放型增长方式已难以为继，转型刻不容缓。

我国GDP增速2016年跌破7%，2019年跌破6%。

转变从粗放型向集约型的增长方式，就需要营造稳定公平透明、可预期的法治化营商环境，努力满足市场主体司法需求。否定对赌协议的效力，看起来有理有据，但是破坏了市场已有的规则，很难说不是“粗放型”判决。

2. 公司法资本理论的改变。

传统公司法理论认为公司的信用来自资本信用，股东的钱进了公司，变成了公司资本，神圣不可侵犯。2013年《公司法》修改，标志着立法者对资本信用至上的放弃。资本走下神台，为对赌协议的合法性奠定了理论基础。

3. 对赌协议效用认识的改变。

投资人一直面临一个批评：进可以获得公司上市的收益，退可以获得保本的投资款，这对于其他人是不公平的。

这种批评听起来很有道理，但是稍微深入思考就会发现其谬误。如果投资人的对赌要求是不合理的，那么他在市场上就不会找到交易方，自然也就不会有对赌协议这种东西让大家大伤脑筋。公司和原股东在签订对赌协议的时候没有觉得不公平，企业没有经营好，要承担责任了突然觉得不公平，这显然不能成立。

那么，公司到底得到了什么？

融资。

融资难一直是中小企业的老大难问题，没有对赌协议，很多公司就不会得到融资，失去了做大做强的机会。否定对赌协议效力和鼓励实体企业发展、缓解企业融资难的目标背道而驰。在《九民纪要》中，就要求人民法院在审理对赌协议案件时，要坚持鼓励投资方对实体企业特别是科技创新企业投资原则，从而在一定程度上缓解企业融资难问题。

4. 合同效力认识的改变。

传统上，我国法律对当事人合同自由有着诸多的限制，合同被认定无效的情况很常见。最高人民法院思路已经发生改变，开始要求限制合同无效，尽量维持合同有效。例如，在 2014 年 12 月最高人民法院发布的《关于依法平等保护非公有制经济促进非公有制经济健康发展的意见》中，明确要求：对法律、行政法规规定应当办理批准、登记等手续生效的合同，应当允许当事人在判决前补办批准、登记手续，尽量促使合同合法有效。要正确理解和适用《合同法》第 52 条关于无效合同的规定，严格限制认定合同无效的范围。

大自然不做多余的事，如果有两种解决方法，应该使用简单的那个。很显然，让合同有效比让合同无效简单。

现在，对赌协议效力的争论告一段落，只剩最后一个问题要解决：如何找一个路径来实现对赌协议。

九、对赌协议的实施路径和未来

对赌协议的实施路径

合同有效，并不等于能够得到履行。没有法律效力的合同常常被自觉履行，比如超过诉讼时效的合同；有法律效力的合同有时候无法履行，比如突发的大火烧毁了乙方的厂房，致使乙方无法按期交货。

公司法限制股东从公司取回资本，这就是“股东不得抽逃出资”的规定。在正常情况下，股东要想从公司拿回钱来，只有两种途径：分红和股份（权）

回购。

分红的优点是股东不用给什么东西，光明正大把钱拿走，缺点是公司必须得赚钱，有利润可供分配。对于用利润还债，《九民纪要》只要求公司有利润，有利润就直接支付；利润不够，可以部分支付，剩下的等将来有利润可以再主张。

《九民纪要》如此"通情达理"，可惜实际作用有限。

首先，如果公司对赌失利，说明盈利能力不行，一般情况下账面也不会有什么利润可供支付。

其次，签订对赌协议的投资人多数是财务投资人，是不介入公司管理的。如果公司有盈利才需要支付，就很难避免道德风险。很显然，挣钱难，赔钱人人都会。要是银行在债务人有钱的情况下才能收贷，经营不了多久就得倒闭。

最后，投资人也耗不起。钱就是财务投资的存货，周转率很重要。一笔投资，考虑到利息和通货膨胀因素，20 年后收回本金，基本相当于全亏。

用利润补偿不容易被投资人接受，那就只剩下股份（权）回购这条路了。《九民纪要》说，如果公司完成了减资程序，投资人的请求就会得到支持；如果公司没有完成减资程序，人民法院就应当驳回其诉讼请求。

这里就存在一个悖论。如果公司已经完成减资程序，说明同意投资人撤资，为什么要起诉公司？如果投资人起诉了公司，说明公司不同意投资人撤资，公司怎么可能会配合投资人办理减资程序？

瞌睡遇到枕头，这不正好给了公司一个爽约的借口吗？

最高人民法院这么认定，自然有其道理。这和以往的审判思路一脉相承：司法不介入公司的内部程序。例如，在 2012 年最高人民法院发布的一个指导性案例中，审理法院认为，公司法尊重公司自治，公司内部法律关系原则上由公司自治机制调整，司法机关原则上不介入公司内部事务。①

无论怎么看，还是华工公司诉扬锻公司案的方法比较可取：公司先给钱，

① 参见李某军诉上海佳动力环保科技有限公司公司决议撤销纠纷案——2012 年最高人民法院发布的第三批指导性案例之案例十。

然后去办理减资手续。办不办减资手续是公司自己的事，不能把办理减资手续作为履行对赌协议义务的前提条件。

对赌协议的未来

对赌协议之所以出现如此大的争议，归根结底和财务投资这种新型投资方式有关。以前公司的融资主要通过银行等金融机构的贷款解决，也就是所谓的间接投资。财务投资实际上起到了替代银行的作用，用直接投资取代了间接投资，这就给公司法出了一个难题。

银行是公司的债权人，是公司法重点保护对象，在债权人、公司和股东关系中居于食物链最顶端，公司次之，股东又次之。

如果财务投资人是债权人，那么地位就要在公司之前；如果财务投资人是股东，那么就要居于末位，在涉及利益冲突时，保护顺位必然要排在债权人和公司后面。

法律是现实生活的反映。公司和投资人对赌的效力，最终还是取决于是否需要这种投资方式。如果需要，那么法律上必须保护。在最高人民法院2022年6月裁决的一个再审案件中，充分体现了这个思想。①

在本案中，被要求补偿方提出两个抗辩理由：（1）业绩补偿款总额超过了投资本金，违反了公平原则；（2）业绩补偿款为违约金，过分高于投资方损失，应当进行调整。

最高人民法院认为：（1）虽然依据协议约定计算的3年业绩补偿款总额高出投资本金，但因该约定是双方自由协商的结果，融资方应承担该商业风险。（2）股权性融资协议约定的业绩补偿款系针对目标公司未来3年经营的不确定性，对其利润进行估值，给实际控制人设定实现净利润目标的合同义务，该义务具有不确定性。因此，协议约定如果目标公司未达到既定业绩目标由实际控制人对投资方支付业绩补偿款本质上是合同义务所附条件，而不是一方不履行合同义务的违约责任，依法不应适用违约金调整的规定。

---

① 参见最高人民法院民事裁定书，（2022）最高法民申418号。

由此看来，保护投资人利益，认定对赌协议法律效力，必将是大势所趋。

山前必有路

第八章　股 东 责 任

一、2013 年《公司法》修改

2005 年，《公司法》通过修改，大幅下调了公司最低注册资本，得到了一致的好评。但是，2005 年的《公司法》虽有诸多制度创新，还是受制于历史的局限性与过渡性，难免带有阶段性修改、中度修改的特点，无法满足投资兴业活动的立法需求。①

2013 年 3 月 14 日，第十二届全国人大第一次会议通过了《关于国务院机构改革和职能转变方案的决定》，要求以职能转变为核心，继续简政放权，其中就包括减少和下放审批事项、改革工商登记制度。

2013 年 9 月 7 日，中国人民大学商法研究所召开“2013 年中国资本市场法治论坛”，聚焦公司法与证券法联动修改问题。全国人大常委会法工委、最高人民法院、原国务院法制办公室、证监会、原国家工商行政管理总局等部门的有关领导及法学界、律师界代表 120 余人出席了论坛。一时之间，群贤毕至，专家云集，新华社、《光明日报》、《经济日报》和《中国青年报》等三十余家媒体进行了报道。②

在本次论坛上，中国政法大学终身教授江平老师有感于法律修改不及时，甚至建议在法律内写入终止条款，明确本法通过以后，在何种条件下本法或者某些条文随之作废，或随之修改。江平老师关于立法携带终止条款的建议过于前卫，未能被立法部门采纳，但至少从侧面可以证明，公司法真的应该修改了。

---

① 参见刘俊海：《建议〈公司法〉与〈证券法〉联动修改》，载《法学论坛》2013 年第 4 期。

② 参见刘俊海：《现代公司法》（上册），法律出版社 2015 年版，第 66—67 页。

2013 年 10 月 25 日，国务院召开常务会议，部署推进公司注册资本登记制度改革，降低创业成本，激发社会投资活力。

2013 年 11 月 12 日，中国共产党第十八届中央委员会第三次全体会议通过了《中共中央关于全面深化改革若干重大问题的决定》，要求加快完善现代市场体系，其中特别提出要推进工商注册制度便利化、把注册资本实缴登记制逐步改为认缴登记制。

2013 年 12 月 28 日，第十二届全国人民代表大会常务委员会第六次会议通过《关于修改〈中华人民共和国海洋环境保护法〉等七部法律的决定》，《公司法》第三次修正。

取消最低注册资本限额

如果只从数量上来看，《公司法》本次修改仅涉及 12 个条文，按《公司法》全文 200 多条计算，修改部分占比只有 5%，和 2005 年一次性修改 137 条相比，只能算是小修小补。

但是，从影响力来看，2013 年的修改却不亚于 2005 年的修改，因为这次修改直接把注册资本最低限额取消了。

修改以前，公司注册资本最低限额分情况是 3 万元、10 万元和 500 万元，现在直接改没了：股东说多少，就是多少。100 元注册资本就可以设立一个公司，50 元也行。当然，1 元也可以。理论上，再低也是可以的，但是零零碎碎的几毛钱就不好意思了吧？

和注册资本最低限额一起修改的，还有认缴出资额、出资方式、出资期限等。根据 2013 年《公司法》的规定，股东可以自主约定认缴出资额、出资方式、出资期限。也就是说，出资额多少，什么时候出资，用什么出资，完全由股东说了算。

激动的专家们

《公司法》修改内容公布后，立即引发了社会各界的广泛关注。法学专家们一致同意修改《公司法》，并不代表他们对于如何修改达成了一致意见。这一次，他们的意见很不相同，而且持正反两个极端。

赞成修改的专家，相当地兴奋。

中国人民大学的刘俊海教授在修改后的第二天在微博上发表了短评，肯定了《公司法》修改，认为本次修改“对于鼓励普通百姓投资兴业、维护交易安全、建设服务型政府、优化投资者友好型法治环境，都具有重大现实意义和深远的历史意义，值得企业界与法律界高度关注”。[①] 为回应不同的声音，当天下午，刘俊海教授又发表了一条微博，详细阐释了此次《公司法》修改的意义：个别法律人对昨天的《公司法》修改及其重要性不以为然，甚至冷嘲热讽。殊不知，这是公司法学界呼吁多年的结果，更是亿万投资者的多年企盼。不大胆废除形而上学的最低注册资本制度，不将实缴制改为认缴制，不建立先照后证的公司注册新流程，不破除阻碍老百姓投资兴业的制度设计，实现民富国强就沦为空谈。[②] 这条微博发出后，点击量直线飙升。短短两个星期，这条关于《公司法》修改的微博点击量就突破 50 万次，可见大众关注度之高。

改与不改

① 参见刘俊海：《现代公司法》（上册），法律出版社 2015 年版，第 69 页。
② 参见刘俊海：《现代公司法》（上册），法律出版社 2015 年版，第 69 页。

反对修改的专家认为，《公司法》的修改过于超前，并不符合中国的实际情况。更有人把注册资本很小的公司称为“侏儒公司”，对于注册资本看起来很大，实际上没有实缴的公司，称为“无赖公司”，可见其憎恶的程度。

不看广告看疗效。《公司法》的修改到底好不好，最终还是要看实施的结果。

二、1 元公司、亿元公司和百年公司

2013 年《公司法》的公布，不管大家的态度如何，关于公司注册资本修改的消息迅速为世人所知：注册资本没有下限；注册资本上不封顶；成立公司不用验资；注册资本缴纳期限没有限制。

对于胆子大的人来讲，这不就是公司随便设吗？做生意从来没有如此简单。

各路英雄豪杰纷纷出手，胆子小的谨小慎微，豪气冲天者大力金刚，更有人胸怀远大，不争一时之长短，笑看天长地久。

我们来具体看看这三个不同的流派。

1. 谨小慎微。

对于这类股东来说，注册资金越少，风险越小，晚上睡得也越踏实。虽然说注册资本没有了下限，但是工商部门总还是需要登记个数，那就 1 元，再少就不合适了。

总结：注册资本“小”处着手，“微”不足道。

2. 大力金刚。

这类股东相信大力出奇迹，公司的实力就是来自公司的资本。既然现在不用验资了，先来个 1 亿元再说，让你看看我的注册资本金额，吓你一个跟头。

不用验资当然是个误解。

《公司法》修改以后公司登记机关不再要求提供验资证明，不再登记公司股东的实缴出资情况，公司营业执照不再记载实收资本事项，这只是公司行政管理登记的变化，一旦涉及股东出资责任，股东必须提供相关的证明。

总结：有了 1 亿元注册资本，才配得上咱这公司！

3. 天长地久。

这类股东心静如水，万事不争。公司的注册资本可大可小，只有一个条件，缴纳期限为 100 年。股东今年 35 岁，眼不花，耳不聋，身体健康得很，135 岁以前一定履行缴纳注册资本的义务。

总结：缴纳注册资本，需要有个好身体！

对于各路豪杰的出招，工商部门一时不知如何应对。对于明显不合理的登记要求，工商部门本着善意的原则，耐心地进行劝说，取得了一定的成效。

从 1 元到增资

2014 年年初，修订后的《公司法》刚刚生效，就有人想尝尝鲜，申请成立一家公司，注册资本 1 元。

对于这种情况，工商部门人员当时就给申请人解释，1 元注册公司从理论上讲是可行的，登记制度也是允许的，但是从公司运营需要来看，注册资金额度只有 1 元的公司必定寸步难行，而且公司的经营能力也会受到合作对象的质疑。当时这个申请人不听工商行政管理部门人员的劝告，一定要登记设立注册资本为 1 元的公司。

法无禁止即可行。对于申请人的申请，工商部门不能拒绝，于是就给对方办理了注册登记。但是，股东在后来的经营中发现，注册资金只有 1 元既没意义，又影响经营。反复权衡后，股东又主动增加了注册资本。

170 亿元公司的注册和注销

1 元公司其实好处理，反正摆明了告诉大家这家公司没钱，天干物燥，小心烛火也就是了。

难处理的是“大力金刚掌”，比如 170 亿元的超级“大力金刚掌”。

2014 年年初，在陕西省铜川市，安某要注册成立一家公司，惊动了省市领导以及原国家工商总局。安某要设立的是一家自然人独资的一人公司，注册资本高达 170 亿元。

工商注册人员告知其注册资本认缴不是不缴，而是应在承诺的期限内缴纳，投资 170 亿元要承担与其相适应的社会责任，劝其吃透相关政策规定理性注册。但是，安某执意要申请办理注册资本 170 亿元，工商管理部门依法为其办理了营业执照。

170 亿，170 后面整整有 8 个 0，如果每天实缴 100 万元，也需要差不多 50 年时间才能缴完。

难道这是一个神秘富豪家的企业？工商部门认为需要仔细调查一下。

经过调查了解到：公司投资人安某系铜川市耀州区本地人，长期请病假没有上班。办公司是其丈夫张某的主意，二人从未有从商经历。后在入户调查中获知，公司住所位于耀州区一小巷的民房内。

工商部门与投资人进行了座谈，并向其明确告知，注册资本在公司成立后应当按照投资进度逐步到位，空壳公司坚决不能形成。

根据调查情况，工商部门决定对该公司进行重点监管，由辖区工商所负责每周对其进行一次巡查监管，在该公司开工运行之后，重点对其公司账户及资金往来情况、合同签订及履行情况进行严格监管，促使其规范经营。

注册资本

2014 年 4 月 28 日，安某在公司设立 4 个月后提出注销申请，6 月 19 日，该公司正式注销。①

隐蔽的百年公司

如果说 1 元公司和亿元公司是摆在明面的话，百年公司则隐蔽得多。

出资期限在法律上没有了限制，完全由投资人在公司章程里约定。实缴出资情况在营业执照上没有，通过一般的渠道也无法查询，所以很多人就在这里动起了脑筋。比如，一家 2014 年设立的公司，注册资本认缴期限至 2095 年，就算设立公司的是刚满 18 岁的年轻人，那时候如果还健在，也已经是 99 岁的老人了。

对此，工商部门也大伤脑筋。如果严格按照规定不进行任何限制，出资期限完全可以超过人类合理的生命预期，出资义务形同虚设。因此，有的地方就限制出资期限不能超过 20 年，到期前可以通过修改章程延长。

这种做法合理性毋庸置疑，但是毕竟法律上没有明文规定，而且股权可以通过转让或者继承承继，有约定认缴期限和完全没有还是有所区别。所以，对于不合理的出资期限，工商部门一般只进行解释说明工作。经过指导，申请人仍然固执己见的，登记机关只能予以办理。

正如 2013 年《公司法》修改反对者的预期，谨小慎微、大力金刚、天长地久三大流派一起出现，我国公司法监管方式面临又一次转折。但是，无论怎么变，打着合法旗号行非法之事的行为，必将受到迎头痛击。这一次，在“谁设立、谁负责”原则的指引下，打击的对象直指公司股东。

三、出资加速到期

股东的期限利益

2013 年《公司法》修改以后，最让人无法接受的就是百年公司的问题。

① 参见《铜川女子误读政策 170 亿注册公司惊动工商总局》，载榆林网 2014 年 8 月 14 日，http：//app. ylrb. com/？app = article&controller = article&action = show&contentid = 150652。

如果说约定注册资本 10 年缴纳、20 年缴纳还有合理性的话，那么约定 50 年甚至更长的缴纳期限显然就不太合理。例如，2021 年，我国的全国平均预期寿命为 78.2 岁，即使是一个 30 岁的成年人，50 年后年龄也已超过全国平均预期寿命了。

那么，对于缴纳期限在 50 年甚至更长期限的约定，能不能认定为无效条款呢？

有人同意，有人不同意。

不同意的主要理由是不能侵犯股东合法的期限利益，原来关于注册资本缴纳期限有明确的规定，现在法律取消了这些限制性规定，法不禁止即可为。另外，公司股权可以转让，也可以继承，虽然股东可能会去世，但是通过股权转让和继承可以解决公司延续的问题。

法律允许股东自行约定出资期限，这的确是给股东的期限利益，不过如果完全不限制，显然会让别有用心的股东滥用权利。面对这种两难的处境，最高人民法院决定采用《企业破产法》出资加速到期的规定。

■ 出资加速到期

一般的公司对于未到期的出资，可以等待到期。但是公司一旦破产，就没法再等了，股东未到期的出资统统按照到期处理，在法律上这叫作“加速到期”。

公司都经营不下去了，再说期限也就没有了意义，加速到期合情合理。

《企业破产法》是 2007 年 6 月 1 日开始实施的。到了 2008 年，最高人民法院在出台《关于适用〈中华人民共和国公司法〉若干问题的规定（二）》（以下简称《公司法司法解释（二）》）（已被修改）的时候，采用了企业破产法中的出资加速到期制度，除了破产，公司解散的时候出资也要加速到期。①

最高人民法院是国家最高审判机关，有权对审判工作中具体应用法律的问题进行解释，作出的解释就是司法解释。一般认为司法解释和法律具有同等的效力，除了法院系统，司法解释在仲裁中也被广泛参照适用。

---

① 最高人民法院《公司法司法解释（二）》（已被修改）第 22 条。

一分钱和一秒钟

美中不足的是，企业破产立案并非易事，很多公司股东也不愿意解散公司，这就导致加速到期的适用范围相当有限。

那么，公司法在修改以后，能不能把加速到期制度发扬光大，把新出现的法律漏洞补上呢？

最高人民法院觉得可行，但要把握好度的问题。原则上股东的期限利益还是要保护的，要惩处的是股东滥用权利的行为，股东滥用权利的行为主要是两类：一类是应该破产，但不申请破产的；另一类是在产生债务后又延长出资期限的。①

我们通过两个案例来了解一下这两类行为。

1．应该破产，但不申请破产的。

在2019年的一个执行案件中，因存在未缴纳出资，三位股东被追加为被执行人，三位股东不服并提起执行异议之诉。

---

①《九民纪要》第6条。

安徽省高级人民法院认为，原审法院在案件的执行过程中，对被执行人的房地产、银行、工商、车辆等财产信息进行查询，均未发现可供执行的财产。原审庭审中，被执行人明确庭审后五个工作日书面答复法院其资产、经营等情况，但庭后并没有书面回复。此外，三位股东也没有提交证据证明被执行人已经申请破产。被执行人在人民法院穷尽执行措施后仍无财产可供执行，已具备破产原因且不申请破产，故原审法院在执行中裁定追加三位股东为被执行人，分别在尚未缴纳出资范围内清偿债务，并无不当。①

2. 在产生债务后又延长出资期限的。

在上海的一个案件中，公司股东被债权人要求承担连带还款责任，股东认为出资认缴期限未到，不应承担责任。

工商档案反映，由两名股东签字的公司章程载明，该两名股东认缴出资时间应为2018年12月31日。截至法院审理时，企业信用信息公示报告反映，公司二位股东的认缴出资时间为2045年11月4日，公示时间为2018年3月27日。②

上海市第二中级人民法院认为，注册资本认缴制下，股东虽依法享有期限利益，然债权人亦享有期待权利。涉案借款发生于2015年12月，借款到期日为2016年12月，此时工商档案载明的公司股东的出资认缴期限为2018年12月31日，也就是说，在公司未按时还款的情况下，债权人王某杰（一审原告）可以期待2018年12月公司股东出资认缴期限届满时以股东出资获得还款。且不论目前公司股东并无证据证明其以公司章程、股东会决议或其他合法合规的方式办理了认缴期限变更的手续，即使其确实办理了变更，因该变更系在公司债务产生后，未经债权人同意的情况下所进行，实质损害了债权人的期待利益，故公司的股东亦不能据此免责。③

最终，法院判决公司股东在未出资本息范围内对公司付款义务不能清偿的部分承担补充赔偿责任。

总的来看，这两类行为恶意都很明显：一个是故意不申请破产，逃避出资加速到期后的追索；另一个是在债务产生后自己决定延长出资期限，恶意

① 参见安徽省高级人民法院民事判决书，（2019）皖民终1100号。

② 参见上海市第二中级人民法院民事判决书，（2019）沪02民终10503号。

③ 参见上海市第二中级人民法院民事判决书，（2019）沪02民终10503号。

逃避出资义务，这都不是法律保护的对象，遭到打击实属必然。

从法院的审判实践来看，股东出资义务加速到期制度无疑是防止股东滥用权利的利器。是否需要将股东出资义务再扩大一些，比如在公司无法清偿债务的情况下，股东应当提前缴纳出资？这在法律界颇有争议。

2023 年《公司法》显然采纳了赞成的意见，该法第 54 条规定：公司不能清偿到期债务的，公司或者已到期债权的债权人有权要求已认缴出资但未届出资期限的股东提前缴纳出资。除了股东出资义务加速到期，2023 年《公司法》第 47 条还规定全体股东认缴的出资额由股东按照公司章程的规定自公司成立之日起 5 年内缴足。

出资期限不超过 5 年和股东出资义务加速到期的常态化这两项规定，在一定程度上有助于修正完全的资本认缴制在实践中产生的弊端，促使股东在投资时理性评估自身资产状况和经营需求，并保障债权人债权实现的合理预期，降低交易风险及公司经营的不稳定性。但是，这种较为严格的要求，在另一方面也会影响投资、创业的积极性，并可能引发更多的公司注销、减资及公司诉讼等问题，导致经营、生产效率的降低。这两项修改的具体效果如何，只能待实践检验了。

四、公司清算

公司清算的义务人

从 20 世纪 90 年代开始，社会上出现了大量的僵尸企业。这种企业已经不再经营，也没有财产，但是企业主体仍然存在，因其不死不活的性质，因此得名僵尸企业。

僵尸企业大行其道，其中一个重要的原因就是公司财产或者资料不完整，无法清算，而且这些东西丢了就丢了，很少有人因此承担责任。

最高人民法院认为，公司股东以及其他有管理义务的人，没有做好管理工作，导致公司主要财产或者重要文件灭失，无法进行清算的，要对公司债务承担连带清偿责任。这个内容最终放在了《公司法司法解释（二)》（已被修改）的第 18 条第 2 款，这就是股东清算责任的最初来源。①

■ 怠于履行义务

最高人民法院的规定字数不多，但是赋予的责任很重，股东要承担“连带”责任。不过，很多人也没有当一回事儿，因为这个规定还有一个前提，就是义务人“怠于履行义务”。民事诉讼里有一个简明的规则，叫作“谁主张，谁举证”。公司的资料都控制在股东、董事等清算义务人手里，外人要想证明他们怠于履行义务，谈何容易？

果然，《公司法司法解释（二）》（已被修改）通过之后波澜不惊，一些别有用心的股东们继续高枕无忧。但是，他们的好日子没有几天了。为了指导案件的审理工作，最高人民法院在 2012 年公布了一个典型案例，让他们顿时目瞪口呆。

■ 指导案例 9 号

最高人民法院的这个案例发布于 2012 年 9 月，官方名称是“指导案例 9 号，上海存亮贸易有限公司诉蒋某东、王某明等买卖合同纠纷案”。

这个案件事实不复杂。原告公司向被告公司供货，被告公司欠货款 139.5 万元未支付，原告公司于是起诉被告公司要求支付货款。因为被告公司未年检被吊销营业执照，至今未组织清算，因此原告同时起诉了三个股东，要求他们承担连带清偿责任。

蒋某东、王某明两个小股东说，他们不应该承担责任，主要理由是公司由大股东控制，他们二人不负责公司的日常经营管理。两个小股东曾委托律师对公司进行清算，但公司财物多次被债权人哄抢，导致无法清算，因此二人不存在怠于履行清算义务的情况。另外，公司由于经营不善，在被吊销营业执照前已背负了大量债务，资不抵债，并非二人怠于履行清算义务而导致公司财产灭失。

---

① 最高人民法院《公司法司法解释二》（已被修改）第 18 条第 2 款规定：有限责任公司的股东、股份有限公司的董事和控股股东因怠于履行义务，导致公司主要财产、账册、重要文件等灭失，无法进行清算，债权人主张其对公司债务承担连带清偿责任的，人民法院应依法予以支持。

两个小股东的抗辩理由很有说服力，他们只是公司股东，不参与公司管理，注册资本缴纳了，清算也尽力去做了，不应当再承担责任。如果这个案件发生再早5年，法院会毫不犹豫地驳回原告对蒋某东和王某明的诉讼请求。但是最高人民法院意思很明确，为了遏制借解散逃废债务的恶劣行为，乱世要用重典！①

乱世用重典

最高人民法院出台《公司法司法解释（二）》的时候，清算责任问题在制定过程中一直是争议的焦点。在《公司法司法解释（二）》出台后，当时最高人民法院民二庭负责人接受《人民法院报》记者专访，对此专门进行了解释：

> 在司法实践中我们发现，有相当数量的公司解散后应当清算而不清算，甚至故意借解散之机逃废债务，严重损害债权人利益并危害社会经济秩序。我们对清算义务人及其怠于履行清算义务民事责任的界定，旨在强化清算义务人依法清算的法律责任，建立一个健康、有序的法人退出机制。
>
> 根据公司法的规定，公司解散后，有限责任公司的股东、股份有限公司的董事和控股股东有义务及时启动清算程序对公司进行清算，即有限责任公司的股东和股份有限公司的董事、控股股东应为公司解散后的清算义务人。清算义务人应当清算而没有清算时，应当承担相应的民事责任。对此，《公司法司法解释（二）》作了明确规定。规定清算义务人的民事责任，目的在于督促清算义务人依法组织清算，规范法人退出机制，保护债权人的应有利益，以解决我国目前实践中该清算不清算的突出问题。如此规定除了有事后救济的法律价值外，更多的价值在于警示、引导作用。

---

① 参见刘岚：《规范审理公司解散和清算案件——最高人民法院民二庭负责人答本报记者问》，载《人民法院报》2008年5月19日，第2版。

> 这条在制定过程中一直是争议的焦点问题，赞成方认为必须加大对清算义务人应当清算而不清算的责任，以规范目前不诚信的市场环境；反对方强调法人制度，担心这样规定将损害清算义务人的权益。我们认为，一是从“乱世用重典”的角度考虑，为了遏制目前这种借解散逃废债务的恶劣行为，加大清算义务人的责任对规范市场、保护债权人合法权益有其积极意义；二是在规定清算义务人该清算不清算要承担相应民事责任后，清算义务人会在借解散逃废债务（承担上述清算义务人民事责任）和依法清算了结公司债务（享有有限责任庇护）中进行利益权衡的，如果其仍然选该清算不清算的，则说明其愿意承担这样的后果，因此，根本不用担心这样规定会损害清算义务人的权益。①

最终，最高人民法院采纳了赞成方的观点，于是就有了《公司法司法解释（二)》第18条的规定。

规定有了，但是看起来并没有那么严厉。最高人民法院已经有了“乱世用重典”的决心，决定在适用上从严把握。

■ 股东是清算义务人

在判决之前，指导案例9号需要先解决一个小问题，那就是谁是清算义务人。法院认为，根据公司法的规定，有限责任公司的清算组由股东组成，所以股东是有限责任公司的清算义务人。纯粹从文义上看，此处大有可争辩之处。但是法律是要解决实际问题的，只要有用，法律解释可以从宽处理。综合来看，审理法院认为股东是有限责任公司的清算义务人，这个认定也不算过分，因为大家都知道，在绝大部分情况下，有限责任公司里有话事权的是股东。

接下来，一审法院做了一个认定：全体股东，无论所占股份多少，是否

① 参见刘岚：《规范审理公司解散和清算案件——最高人民法院民二庭负责人答本报记者问》，载《人民法院报》2008年5月19日，第2版。

参与经营管理，作为一个整体，是公司的清算义务人。也就是说，股东作为一个整体，承担集体责任。只要公司应当清算没有清算，股东都有责任，而且可能是全部责任，就算是持股 1% 的股东，都可能承担全部的清算责任。

怠于履行清算义务

现在两位小股东还有最后一道防线，那就是有没有“怠于”履行清算义务。怠于的意思是“松懈、懒惰”，是一种主观上的过错。两位小股东认为自己主观上没过错，曾经委托律师对公司进行清算，但公司财物多次被债权人哄抢，导致无法清算。

非不为也，实不能也。

审理法院认为，三个股东没有及时组织清算，导致公司主要财产、账册等灭失，无法进行清算，应当对公司债务承担连带清偿责任。审理法院的意思是说，两位小股东把原因和结果搞反了，要是公司早点清算，债权人还怎么哄抢公司财产？

按照这个认定标准，只要公司被吊销营业执照而没有清算，基本都可以认为股东“怠于”履行清算义务。

一审法院最终判决三个股东对被告公司的债务承担连带清偿责任。两个小股东提起上诉，被驳回。

指导案例 9 号在某种程度上相当于否认了法人制度，股东和公司责任一体承担，而且没有上限。在这种情况下，原告只要举证证明公司应当清算而没有清算，所有的股东，不分大小，都要对公司债务承担连带责任。

最高人民法院的目的是规范目前不诚信的市场环境，遏制借解散逃废债务的恶劣行为。子曰：“过犹不及。”让不参与公司管理的小股东履行清算义务，确实超出了传统的理论。而且，矫枉过正的后果很快就显现出来了。

过犹不及

五、严格的股东清算义务

指导性案例是裁判已经发生法律效力，认定事实清楚，适用法律正确，裁判说理充分，法律效果和社会效果良好，对审理类似案件具有普遍指导意义的案例。① 不过，从性质上来看，指导案例不是司法解释，更不是法律规定，除了法律界人士，指导案例 9 号公布后一开始也没有太多人关注。

但是，市场马上就从中嗅到了商机，毕竟这是最高人民法院发布的指导案例，对全国法院审判工作具有指导作用。原本追债无望的债权人看到了希望的曙光，更有一些人用低价四处收购营业执照被吊销公司的"不良"债权，利用信息差赚得盆满钵满。

公司股东当然不肯就此认输，他们在被起诉以后提出了各种抗辩，试图

① 参见《〈最高人民法院关于案例指导工作的规定〉实施细则》第 2 条。

力挽狂澜，但效果不彰。

首先，按照指导案例 9 号的认定，股东一体承担清算义务，因此个别股东持股比例小，或者不参与公司经营，客观上没有能力启动清算程序，对怠于履行清算义务不应承担责任的抗辩基本不被接受。例如，上海市闵行区人民法院在认定“怠于履行义务”时认为：股东的“怠于履行义务”，既包括怠于履行依法及时启动清算程序进行清算的义务，也包括怠于履行妥善保管公司财产、账册、重要文件等义务。本案中，中联音像解散后，三被告均没有主动成立清算组进行清算，也没有申请公司强制清算，显然存在消极的不作为行为。虽然被告音像协会在本案中抗辩其仅持有 20% 股权，但无论持有多少股权，其身份仍然是公司股东，即使不掌控公司、不参与公司经营管理，也并不能就此免除其作为公司清算义务人应负的责任。因此，三被告均存在“怠于履行义务”的不作为行为。①

其次，内部的争议，也不能作为不承担责任的理由。例如，不参与公司经营的股东没有管理公司的财务资料，因此举证并抗辩称公司的财务资料都在法定代表人手里，公司无法清算的责任在法定代表人，股东不应该承担责任。这种抗辩，往往被认为是公司内部的纠纷，股东可以另案起诉法定代表人承担责任，但不影响在这个案件中承担清算责任。

再次，股东在公司解散后向人民法院申请破产，也不被认为已经履行了清算义务。例如，江苏省高级人民法院认为：维信公司在吊销营业执照后申请破产，并不当然免除股东应在吊销营业执照 15 日内对公司进行清算的义务，也没有改变公司未依法清算的事实，故对其主张不予支持。②

最后，更让公司股东担心的是，在实践中，出现了股东清算责任扩大化的倾向。例如，有的判决认为，公司法规定的清算义务，不仅是指股东成立清算组着手清算工作，还包括实质性地清理公司的债权债务等工作；③ 还有的判决认为，清算义务人没有证明清算组按照法定程序进行了清算，要承担相

① 参见上海市闵行区人民法院民事判决书，(2013) 闵民二（商）初字第 1531 号。

② 参见江苏省高级人民法院民事判决书，(2015) 苏商外终字第 58 号。

③ 参见江苏省高级人民法院民事判决书，(2016) 苏民终 189 号。

应的赔偿责任。[①] 根据这两个认定，股东甚至要承担清算组的责任，清算不合规也要由股东承担责任。

落网之鱼

股东清算责任日趋严格，导致了很多和常识相反的判例，比如持股低于5%的股东要对公司全部的债务承担连带责任，比如十几年前的债务也被翻出来要求股东承担责任，比如股东要承担清算组的责任。

在被吊销营业执照但未能及时清算的公司的股东，面临“无因化”责任追究的时候，也有一些判决表现出了不同的声音。

六、因果关系和诉讼时效

在股东清算责任上，虽然有“乱世用重典”的指导，但是重到何种程度，

① 参见福建省高级人民法院民事判决书，（2019）闽民终200号。

最终还是要看各地法院如何处理。当然，根据指导案例 9 号，持股比例小、不参与管理或类似理由已经不被支持，股东需要另辟蹊径，寻找其他的抗辩理由。

因果关系

从法律性质上看，债权人追究股东清算责任，属于侵权纠纷。按照侵权的构成要件，债权人必须要证明股东的行为（不行为）和债权人的损失之间有因果关系，股东才能承担责任。

站在股东的立场上，要证明自己的行为和债权人的损失之间没有因果关系，最容易想到的就是公司本来就没有财产。清算也好，不清算也好，反正都没钱，所以你的损失和我无关，这个思路在 2014 年的一个案件中得到了法院的支持。

案涉公司是上汽扬州公司，一个主要的股东是上汽公司，持股 50%，因上汽扬州公司营业执照被吊销后没有清算，债权人提起诉讼，要求上汽公司承担股东清算责任。

一审法院在审理后认为：1999 年 2 月 28 日上汽扬州公司章程确定的经营期限届满至 2001 年 11 月上汽扬州公司被吊销营业执照前，上汽公司就其对上汽扬州公司的 900 余万元债权提起了诉讼，后因上汽扬州公司已歇业，暂无资产可供执行，上汽公司亦提供不出被执行人的财产线索，相应判决被裁定中止执行。因此，如果上汽公司有条件对上汽扬州公司组织清算，对上汽公司亦为有利，其主观上非怠于清算，客观上其申请执行未果，法院未发现上汽扬州公司有可供执行的财产，不能认定系上汽公司怠于履行义务而导致公司财产、账册灭失。据此，丰瑞公司对上汽公司的诉讼请求，本院不予支持。①

总体来说，就是股东主观上也想清算，客观上也去法院申请执行，没有失职之处，因此不承担股东清算责任。

原告无法接受这个判决结果，向江苏省高级人民法院提起上诉，二审维

① 参见江苏省扬州市中级人民法院民事判决书，（2014）扬商初字第 0019 号。

持了一审的判决结果。

原告向最高人民法院申请再审，最高人民法院决定再审并提审本案。本案争议标的本金仅有400万元，再审的原因显然是本案有典型性意义。在审理中，股东作为清算义务人，是否应当对公司的债务承担责任也被列为案件争议焦点问题。

经审理，最高人民法院的观点和一审、二审法院一致，认为上汽公司不应承担案涉丰瑞公司对上汽扬州公司债权的连带清偿责任：

> 从上汽公司主张自己对上汽扬州公司享有债权而申请强制执行的行为可以得出，上汽公司已对上汽扬州公司的资产进行了清理，其未履行清算义务与丰瑞公司的损失之间并无因果关系。在上汽扬州公司于2001年已无偿债能力且被吊销营业执照的情形下，即使当时进行清算，其也无责任资产偿还丰瑞公司的案涉债权，故上汽公司未履行清算义务的行为并未造成丰瑞公司的损失，上汽公司未履行清算义务的行为与丰瑞公司案涉债权未得到清偿所致损失并无因果关系。①

这是股东在对抗清算责任时被认可的第一个抗辩：股东未履行清算义务和债权人的损失没有因果关系。

■ 诉讼时效

除此之外，最高人民法院在本案中还给出了第二个理由：从法律、司法解释的规定、司法实务的现实以及避免当事人滥用连带责任规定的角度进行分析。在2008年，《公司法司法解释（二）》颁布实施前，我国并无关于清算义务人未履行清算义务应承担连带清偿责任的规定。本案被清算公司发生清算事由在2001年。在当时，尽管《公司法》有关于清算义务的规定，但并没有关于未履行清算义务应承担何种责任的明确规定，故在司法实务中，对清

① 参见最高人民法院民事判决书，（2016）最高法民再37号。

算义务人追究法律责任的案例极少。虽然根据“补缺例外”的法无溯及力的除外原则，本案应适用《公司法司法解释（二）》的规定，但考虑到对当事人期限利益的保护，让当事人根据法律事实出现多年之后才颁布实施的《公司法司法解释（二）》的规定承担连带清偿责任，有失公正，尤其是在清算义务人已尽其所能未能在强制执行程序中使自己对被清算主体的900万元债权得到清偿的情形下。①

这是股东面对清算责任时的第二个抗辩理由：诉讼时效。

要求股东承担严格的清算责任，结果催生出一批职业债权人。这些人从其他债权人处大批量超低价收购僵尸企业的陈年旧账，然后依据《公司法司法解释（二）》的规定，对僵尸企业的股东提起诉讼，要求他们对公司债务承担连带责任。突然之间，几年前，甚至十几年前的债务压上身来，让小股东们苦不堪言。②

为了防止权利人躺在权利之上睡大觉，法律规定了诉讼时效的制度，但股东清算责任案件中权利未受限制。有些人抗辩称：凭什么在股东清算责任案件里面，债权人可以几年，甚至十几年不行使权利还能胜诉？

一开始，这种抗辩一般不予支持。但总有人不服气。

这时已经是2018年。公司的小股东在股东清算责任案件中连续败诉。他们并不服气，向北京市高级人民法院申请再审。

北京市高级人民法院简单明了地指出，债权人在公司营业执照被吊销后四五年期间，既未要求公司的股东履行清算义务，也未向人民法院申请强制清算或者请求股东承担赔偿责任。债权人于2017年提起本案一审诉讼，已超过诉讼时效期间。因此，债权人的诉讼请求不能得到支持。③

---

① 参见最高人民法院民事判决书，（2016）最高法民再37号。

② 参见《九民纪要》第5条。

③ 参见北京市高级人民法院民事判决书，（2018）京民再154号。

谁的手更快

七、三大抗辩理由

最高人民法院公布了指导案例 9 号，确立了股东严格的清算责任。随着时间的推移和审判经验的积累，慢慢建立了因果关系抗辩和诉讼时效抗辩。很显然，审判机构的观点也在调整，在这种情况下，股东“怠于”履行清算义务的标准也重新纳入了审查的视野。

■《九民纪要》对股东清算责任的认定

在 2019 年的全国法院民商事审判工作会议中，在对股东清算责任案件进行总结时认为，“一些案件的处理结果不适当地扩大了股东的清算责任”，这个判断可谓正中鹄的。

在最终公布的《九民纪要》中，除了支持因果关系抗辩和诉讼时效的抗辩，还对“怠于履行清算义务”进行了进一步的明确。

《九民纪要》认为：[①]

关于有限责任公司股东清算责任的认定，一些案件的处理结果不适当地扩大了股东的清算责任。特别是实践中出现了一些职业债权人，从其他债权人处大批量超低价收购僵尸企业的"陈年旧账"后，对批量僵尸企业提起强制清算之诉，在获得人民法院对公司主要财产、账册、重要文件等灭失的认定后，根据公司法司法解释（二）第18条第2款的规定，请求有限责任公司的股东对公司债务承担连带清偿责任。有的人民法院没有准确把握上述规定的适用条件，判决没有"怠于履行义务"的小股东或者虽"怠于履行义务"但与公司主要财产、账册、重要文件等灭失没有因果关系的小股东对公司债务承担远远超过其出资数额的责任，导致出现利益明显失衡的现象。需要明确的是，上述司法解释关于有限责任公司股东清算责任的规定，其性质是因股东怠于履行清算义务致使公司无法清算所应当承担的侵权责任。在认定有限责任公司股东是否应当对债权人承担侵权赔偿责任时，应当注意以下问题：

14.【怠于履行清算义务的认定】公司法司法解释（二）第18条第2款规定的"怠于履行义务"，是指有限责任公司的股东在法定清算事由出现后，在能够履行清算义务的情况下，故意拖延、拒绝履行清算义务，或者因过失导致无法进行清算的消极行为。股东举证证明其已经为履行清算义务采取了积极措施，或者小股东举证证明其既不是公司董事会或者监事会成员，也没有选派人员担任该机关成员，且从未参与公司经营管理，以不构成"怠于履行义务"为由，主张其不应当对公司债务承担连带清偿责任的，人民法院依法予以支持。

15.【因果关系抗辩】有限责任公司的股东举证证明其"怠于履行义务"的消极不作为与"公司主要财产、账册、重要文件等灭失，

① 《九民纪要》第5条。

无法进行清算”的结果之间没有因果关系，主张其不应对公司债务承担连带清偿责任的，人民法院依法予以支持。

16.【诉讼时效期间】公司债权人请求股东对公司债务承担连带清偿责任，股东以公司债权人对公司的债权已经超过诉讼时效期间为由抗辩，经查证属实的，人民法院依法予以支持。

公司债权人以公司法司法解释（二）第18条第2款为依据，请求有限责任公司的股东对公司债务承担连带清偿责任的，诉讼时效期间自公司债权人知道或者应当知道公司无法进行清算之日起计算。

法律的经验

法学家霍姆斯在其名著《普通法》中说：法律的生命不在于逻辑，而在于经验。对时代需要的感知，流行的道德和政治理论，对公共政策的直觉，不管你承认与否，甚至法官和他的同胞所共有的偏见对人们决定是否遵守规则所起的作用都远远大于三段论。法律包含了一个民族许多世纪的发展历史。它不能被当作由公理和推论组成的数学书。①

法律的生命不在于逻辑，而在于经验。股东清算责任制度的发展，将这句话反映得淋漓尽致。

1993年，我国首次制定《公司法》。经过10余年的发展，公司清算方面的问题越来越严重。公司解散后应当清算而不清算的僵尸公司越来越多，很多公司甚至故意借解散之机逃废债务。

面对如此不诚信的市场环境，最高人民法院确定股东是清算义务人，可谓恰逢其时，也是经验的产物。最高人民法院抓住了股东这个关键点，现在问题来了，股东要承担多重的责任？

在没有经验可以借鉴的情况下，既然问题很严重，从重处理，乱世用重典是一个合乎逻辑的选择。从重处理的结果是打击了一大批存心不良的股东，

① 参见［美］小奥利弗·温德尔·霍姆斯：《普通法》，冉昊、姚中秋译，中国政法大学出版社2006年版，第1页。

但是也难免伤及无辜。这在非常时期当然可以理解，但在日常生活中必然会被蜚短流长，职业收债人的出现更是引来诸多的批评。

通过对 10 余年经验的总结，最高人民法院最终用《九民纪要》确定了股东拥有不构成怠于履行、因果关系和诉讼时效三大抗辩，给股东清算责任画上了一个阶段性的句号。

经验主义

八、从股东清算责任到董事清算责任

在公司清算责任上，股东清算责任可谓是颇具中国特色，被总结为“谁投资谁清算”，清算义务人为股东。另一种被普遍认可的清算义务人的认定标准为“谁经营谁清算”，清算义务人为董事。

这两种思路的差异不仅反映在学理争议上，也反映在立法之中。

2017 年，《民法总则》开始实施，规定法人的董事、理事等执行机构或者决策机构的成员为清算义务人。后来该条被 2021 年 1 月 1 日实施的《民法典》并入，成为第70条。

根据上述规定，公司的董事是清算义务人。这不难理解：董事负责公司的经营、管理，如果公司应当清算，董事是当然的第一知情人和责任人。

《民法典》的上述规定，秉承的就是传统的“谁经营谁清算”原则，而《公司法司法解释（二)》秉承的是“谁投资谁清算”原则。

对于清算义务人的争议，2023年《公司法》一锤定音：董事是清算义务人！

2023年《公司法》第232条全文规定如下：

公司因本法第二百二十九条第一款第一项、第二项、第四项、第五项规定而解散的，应当清算。董事为公司清算义务人，应当在解散事由出现之日起十五日内组成清算组进行清算。

清算组由董事组成，但是公司章程另有规定或者股东会决议另选他人的除外。

清算义务人未及时履行清算义务，给公司或者债权人造成损失的，应当承担赔偿责任。

上述规定，宣告“谁经营谁清算”和“谁投资谁清算”争论的基本终结，股东不再因只是股东而承担公司的清算责任。

最后我们再说一说股份有限公司的清算义务人。

之所以放到最后说，是因为争议不大。

在法律上，根据合作方个人之间依赖信用关系的强弱，我们一般称合伙为“人合”型组织，有限责任公司为“人合+资合”型组织，股份有限公司为“资合”型组织。“人合”顾名思义，就是人和人之间的合作，“资合”就是资本之间的合作。

股份有限公司是典型的资本之间的合作，股东之间是否存在信赖关系在所不问。因为股份有限公司各股东之间法律上关系松散，所以《公司法司法解释（二)》规定股份有限公司的董事和控股股东是清算义务人，小股东不承担清算义务。

2023年《公司法》统一了公司清算责任的规定，股份公司也适用上述第

232 条的规定，即董事是清算义务人。如果董事未能及时履行清算义务，给公司或者债权人造成损失的，应当承担赔偿责任。

重担在身

九、限制高消费

在审判机构逐渐累积股东清算责任认定经验的同时，另一项对公司执行机构极具威慑力的制度也逐渐成形。不过，这个制度设计的初衷并不是解决公司诚信问题，它针对的是“执行难”的问题。

执行难一直是我国司法系统的老大难问题。2010 年，最高人民法院制定了《关于限制被执行人高消费及有关消费的若干规定》（2015 年修订），限制“老赖”的高消费行为，比如乘坐飞机、高铁，住星级酒店等。有人到海外旅行，回来的时候突然发现买不了机票了，就是因为被法院发了限制消费令。

限制个人消费会严重影响个人的生活，但是限制公司消费好像没有什么

黑名单

意义，毕竟公司自己不可能坐飞机、住酒店。

正是因为这个原因，最高人民法院把公司的法定代表人、影响债务履行的直接责任人员、实际控制人统统纳入了限制消费名单。法定代表人因为在法律地位上当然代表公司，而且在工商行政管理部门进行了登记，更是成为重点照顾对象。只要公司被限制消费，法定代表人一定如影随形。很多时候，申请人申请限制消费令的目的，就是限制法定代表人的高消费。

如果说购买房产、打高尔夫算是较少发生的话，乘坐飞机、住酒店很多时候已经是日常所需。遭此限制，生活当然大大地不方便。

怎么办?

答案很简单，把公司的法定代表人换掉，来一个金蝉脱壳。公司进入黑名单，并不限制法定代表人的更换。公司想把制度架空，人民法院肯定是不同意的，但是不让人家变更在法律上没有依据。

魔高一尺，道高一丈。

法律原来没有规定，但是法律可以修改啊。

2017 年，《民事诉讼法》就进行了修正，增加了行为保全的制度。法院可以责令当事人作出一定行为或者禁止其作出一定行为，当然包括“禁止变更当事人”。

这下原来的法定代表人跑不掉了，但是也带来了新的问题。比如说，法定代表人不能变更，但是公司董事会还是要换届，就出现了公司法定代表人既不是公司董事长、也不是公司总经理的奇观。有的公司法定代表人是上级单位委派的，自己不是股东，如果不让公司变更法定代表人，道理上也说不过去。

2019 年，最高人民法院发布《关于在执行工作中进一步强化善意文明执行理念的意见》，明确公司法定代表人确因经营管理需要发生变更，人民法院应当允许。

对于辞去董事或经理还担任法定代表人的不合理情形，2023 年《公司法》做了进一步完善，规定担任法定代表人的董事或者经理辞任的，视为同时辞去法定代表人。

十、经营异常公示和黑名单

2013 年《公司法》修改以后，审判机构进行了适时的调整。和审判机构一样，工商部门也面临如何进行监管创新的问题。

原来的企业年检，尽管也是一种监督管理手段，不是旨在确认企业经营资格的行政许可，但实际上，企业年检依然发挥了一定的“二次许可”作用，让众多企业疲于应付，耗费了大量人力物力财力。[①]

2013 年《公司法》修改以后，公司的工商登记改革随之进行，企业年度检验制度改为企业年度报告公示制度。

改成企业信息公示后，企业只需在规定的时间、规定的媒介上主动报告、公示有关信息，不必再到工商等部门申报，工商等部门也不再对企业的报告

① 参见《信息公示取代年检是监管创新》，载人民网，http：//opinion. people. com. cn/n/2014/0824/c1003 -25526894. html。

和公示信息进行全面审核、把关、确认，而是由企业对自己报告和公示信息的真实性、及时性负责。这样，企业就有了更大的自主权，就能够便捷高效地完成报告和公示，就少了很多门槛、束缚和负担，就能使经营行为更自然地延续。①

■ 经营异常公示

让企业自主报告和公示信息，并不意味着监督部门放弃监管，工商部门可以对企业公示的信息依法开展抽查或者根据举报进行核查。如果企业未依法报告、公示有关信息，或隐瞒真实情况、弄虚作假，工商部门可把企业列入经营异常名录甚至严重违法企业名单。

不好骗了

此时，移动互联网和智能手机已经普及，加强企业信息公示的工作正当

① 参见《信息公示取代年检是监管创新》，载人民网，http：//opinion. people. com. cn/n/2014/0824/c1003－25526894. html。

其时。合作伙伴动动手指，就能查询到企业的工商登记信息，只要是正经做生意的公司，都不愿意进入经营异常名录。

■ 黑名单

不过，对于处心积虑利用公司制度谋取非法利益的人来说，这个威慑力还是不够大。不要说列入经营异常名录，就是列入严重违法企业名单又能如何？大不了再注册一家公司，从头再来。

我不怕曝光，你能奈我何？

面对这种叫板，就得上点真手段了。

这一次出手的除了原国家工商总局，还有另外 37 个部门。没错，国家发展改革委和原国家工商总局牵头，38 个部门一起出手，在 2015 年 9 月联合签署了《失信企业协同监管和联合惩戒合作备忘录》，目的是构建失信市场主体“一处违法，处处受限”的信用监管框架。

什么叫处处受限？看看联合签署部门名单就知道了：

国家发展改革委、原国家工商总局、中央文明办、最高人民法院、教育部、工业和信息化部、公安部、司法部、财政部、人力资源和社会保障部、原国土资源部、原环境保护部、住房和城乡建设部、交通运输部、水利部、原农业部、商务部、原文化部、原卫生计生委、人民银行、国资委、海关总署、税务总局、原质检总局、原国家新闻出版广电总局、原安全监管总局、原食品药品监管总局、国家林业局、国家旅游局、原国家网信办、银监会、证监会、保监会、国家铁路局、民航局、国家邮政局、国家文物局、全国总工会。

这个备忘录基本内容就是两点：（1）由工商部门列入黑名单的企业，其他部门在行业准入、项目审批、获得信贷、发票领用、出口退税、出入境、高消费等方面进行限制。（2）由其他部门列入黑名单的企业，工商部门实施市场准入和任职资格限制等措施。

2018 年 3 月，国家市场监督管理总局成立，原国家工商总局的职能并入该局。国家市场监督管理总局下设信用监督管理司，其中一项重要的职能就是建立经营异常名录和黑名单。

如果说信息公示是软监督的话，那黑名单就是实实在在的硬约束。例如，根据水利部的规定，被列入“黑名单”的水利建设市场主体信用评价实行一票否决制，取消其信用等级。在“黑名单”公开期限内，不受理其信用评价申请。① 没有了信用等级，企业要想参与水利建设，无论是勘察、设计、施工、监理，还是咨询、招标代理、质量检测、机械制造，可能性近乎为0。

让我们再看一个工商部门跨地区合作的案例。

黄某为山西某新媒体有限公司的法定代表人。该公司因为成立后无正当理由超过6个月未开业，或者开业后自行停业连续6个月以上，于2016年12月被山西省大同市工商局吊销营业执照，黄某被列入失信黑名单。2017年5月，黄某先后3次被南京市江宁区市场监管局驳回担任董事的公司登记申请。②

2018年6月，山西某新媒体有限公司经股东会决议主动注销。

显而易见，在黑名单的威慑下，一家本来要继续延续“僵尸”状态的公司，主动选择了注销。

根据国家公共信用信息中心发布的《2018年失信黑名单年度分析报告》，仅2018年一年的时间，通过信用修复退出失信黑名单的主体就达217.52万家。③ 黑名单制度威慑力之强，可见一斑。

黑名单制度，是社会信用体系建设和商事制度改革大背景下创新的产物，虽然尚有法律规定不够明确、列入条件不够清晰、黑名单主体的权利保护不足等缺陷，但对推动社会信用体系建设及市场监管体系的现代化无疑具有重要意义。

通过十年的努力，各方在2013年《公司法》框架下逐渐达到了一个平衡：注册端放松了对股东的限制，但是股东清算责任和黑名单制度在监管端进行了必要的加强。

正当大家松了一口气的时候，却发现战火在公司法领域之外又燃起来了，

---

① 《水利建设市场主体信用评价管理办法》第21条。

② 参见高翔：《黑名单管理制度若干问题研究与探索》，载《中国工商报》2017年8月31日，第7版。

③ 《2018年失信黑名单年度分析报告发布》，载中国政府网，http：//www.gov.cn/fuwu/2019-02/19/content_5366674.htm。

手段相当恶劣，后果极其严重。

十一、空壳公司

在公司法领域之外惹来麻烦的，是我们之前说过的0元公司，有人称其为“侏儒公司”，一般称为“空壳公司”，又称“皮包公司”。

空壳公司是大家共同认可的一个称呼，到底指什么，既没有官方的正式认证，也没有民间的统一认识。大体而言，空壳公司指没有资金、没有人员、没有经营场地、没有实际业务的公司。

皮包公司

空壳公司早已有之。20世纪90年代我国曾发起专项行动，清理“三无”企业，三无企业和空壳公司颇有相类之处。2013年公司法改革以后，注册资本零要求，公司有没有资金都是合法的，这就给公司注册带来了极大的便利，也为空壳公司的发展提供了广阔的空间。

根据国家统计局公布的资料，从2013年到2018年，短短5年期间，中国在营企业数量猛增2倍，从1200万家增加到3600万家，而同期我国GDP累计增长为53%。截至2019年12月，我国（不包括香港特别行政区、澳门特别行政区和台湾地区）在营企业数量约为4100万家，其中各类型疑似空壳公司超过500万家。①

空壳公司的身影出现在很多场合，比如2018年的霍尔果斯影视资本大逃亡。

霍尔果斯影视资本大逃亡②

2010年，西部边陲小城霍尔果斯在政策红利的背景下，为文娱产业发展提供多项优惠，其中最著名的是实行"五免五减半"的税收政策。此利好政策一出，吸引了数千家影视传媒公司前来注册。这些企业中很多是空壳公司，很多明星工作室，注册资本仅为1万元，既没有办公场所，也没有任何员工，负责人根本就没有到过该地。

2017年，投入霍尔果斯的影视资本达到顶峰，当年该地新增企业超过1.3万家。有人评论说："最近在网上流传，说霍尔果斯贡献了影视半壁江山，但并不完全准确，应该是另外半壁正在来霍尔果斯的路上。"

企业因税而来，自然能因税而走。

2018年1月起，霍尔果斯政策开始逐步收紧，暂停增值税返还和个人所得税优惠两项政策，要求注册企业"一址一照"，实体办公，同时要求2017年利润超过50%的企业进行税务自查。当年6月开始，当地出现影视公司"注销潮"，《伊犁日报》8月27日就刊登了25则"注销公告"。

至2018年9月底，霍尔果斯有超过800家公司完成注销，其中123家公司成立不满1年，90%成立不满5年。

---

① 参见田野、陈宏微：《中国空壳公司问题研究报告——空壳公司的成因、来源和目的探究》，载《山西农经》2020年第9期。

② 参见杨琳：《扎堆注销工作室，集体"奔赴"海南开公司——明星们是合理避税还是偷逃税?》，载《中国经济周刊》2021年第9期。

惹人关注的“雪梨”“薇娅”等主播逃税的案件，也和空壳企业有关，不过他们使用的是空壳的个人独资企业和合伙企业而非空壳公司，因为前者税收更优惠。①

从隐蔽性上来说，公司更容易虚构交易，更难取证。在另外一个惹人注目的演员郑某的逃税案中，郑某采用了多种办法偷逃税款，其中就包括制片人与郑某实际控制空壳公司签订虚假合同，以“增资”的形式支付片酬。对于收取所谓“增资款”，完全隐瞒收入偷税部分，上海市税务局决定处以5倍“顶格”罚款，计1.88亿元。②

在金钱的刺激下，不法分子不惜铤而走险，以身试法，利用空壳公司进行种种违法甚至是犯罪的行为。除了逃税，空壳公司还常常被用来洗钱、虚开增值税发票、骗贷、非法集资、骗取退税等。

常见的涉及空壳公司的非法行为如表1所示：

表1　常见的涉及空壳公司的非法行为

序号	非法行为	目的
1	避税	利用税收差异，在“税收洼地”注册空壳公司避税
2	洗钱	利用空壳公司编造资金往来账目实施洗钱犯罪
3	虚开增值税发票	通过买壳控制他人名下合资格的公司，对外虚开增值税专用发票
4	担保骗贷	利用空壳公司为自己公司担保，实施骗贷行为
5	非法集资	通过设立空壳公司，编造具有高额回报诱惑的投资项目欺骗投资人
6	借壳经营或骗贷	购买空壳公司，直接获得进入某些特定市场和参与某些特定业务的条件，或者通过借壳经营实施骗贷
7	非法套现	注册空壳公司申领POS机非法经营套现业务
8	骗取出口退税	利用空壳公司虚设贸易环节骗取出口退税
9	网络赌博、诈骗	利用空壳公司的对公账户进行资金往来

① 参见张均斌：《影视、网络直播行业何以成偷逃税重灾区》，载《中国青年报》2021年12月22日，第4版。

② 参见《郑爽：偷逃税款被追罚2.99亿元》，载《方圆》2021年第16期。

当然，从根本上说，犯罪的是人，不是空壳公司。所以国家不断加大打击这些违法犯罪行为的力度，并通过加强对企业日常监管、建立信息搜集和分析中心、改善经济环境等方式进行事前和事中的防范。

2021 年，很多人突然发现银行账户受限，或者新开户遇到障碍，就是监管变严的一个最直接的体现。

水能载舟，亦能覆舟。

空壳公司本身只是一种工具，如果运用得当，可以增加市场效率，促进经济的发展。这几年，海外通过特殊目的收购公司（Special Purpose Acquisition Company，SPAC）的方式上市十分流行，这种上市的方式就是通过一家只有资金，没有业务的空壳 SPAC 进行的，目的是在上市后的一段预设时间内与一家营业中的公司进行业务合并。①

岳飞曾说："阵而后战，兵法之常；运用之妙，存乎一心。"

如何用空壳公司之长而避空壳公司之短，是一个诚信建设的问题，也考验我们整体社会管理的水平。

2023 年《公司法》对于公司资本要求有一定的收紧，但这只是对此前全面认缴制的一种矫正，并不意味着彻底、全面取消认缴制。从这个趋势上来讲，不管空壳公司未来如何，对公司注册和注册资本严要求的时代已经一去不复返了。随着人工智能等科学技术的发展，我们的管理水平也将日新月异。发展产生的问题，一定能，也必将通过发展解决。

---

① 参见张明生：《解码 SPAC 上市》，载《中国金融》2022 年第 10 期。

结束语：中国伦理与公司法精神

■ 资本主义精神

众所周知，1840 年以后，中国遭到列强蚕食，最终变成了半殖民地半封建社会。

清朝乾隆年间，中国 GDP 还能占到世界的 1/3，为什么突然落后了？关于这个问题，有一个广泛流传的解释，那就是中国伦理中缺乏资本主义精神。

马克斯·韦伯认为，新教在 16 世纪以后发展出了符合资本主义精神需要的伦理，其中又以发端于加尔文宗的英国清教最为典型，所以英国最终发展成为日不落帝国；而中国的儒家文化则阻碍了资本主义在中国的发展，固步自封之下变成了老大帝国。

我们深信不疑的传统观念如天人合一、人性本善、忠孝为本等，现在变成了经济发展的阻碍，你说气不气人？

更加气人的是，不信也没办法，因为经济就是发展不起来。

经济不给力，反映在对外关系上就是屡战屡败。1894 年，清政府和同是儒家文化圈，但是已经脱亚入欧 30 年，部分西化的日本打了一仗，北洋水师全军覆没，让人大跌眼镜之余，对于中华文化的信心降到了谷底。

在企业管理方面，同样认为儒家文化不符合现代化的要求。西方制度化管理是民主管理，强调理性规则、秩序，而儒家传统管理是权威管理，讲人情、讲平均。[①] 反映在公司法上，中国传统伦理和现代公司治理制度之间存在

---

① 参见孟庆义、刘会清：《日韩现代管理思想中的儒家文化因素》，载《史学集刊》2006 年第 3 期。

明显的冲突，比如监督机制往往被“一把手”文化和“官本位”意识削弱、人情社会降低了公司的治理的效率，等等。按照这种理念，除非彻底西化，否则在儒家文化圈，经济根本不可能发展起来。

儒家文化圈的崛起

让人意想不到的是，“二战”以后，先是日本，再是亚洲“四小龙”的经济开始腾飞。1968 年，日本成为世界第二大经济体，GDP 最高时曾达到美国的 70%。20 世纪 70 年代开始，韩国、新加坡以及中国香港特别行政区、中国台湾地区经济开始腾飞，成为继日本之后亚洲的发达国家和地区。

不管是日本还是亚洲“四小龙”，无一例外都属于儒家文化圈。

更让人意想不到的是，在改革开放之后，中国开始了令全世界瞠目结舌的经济飞速增长。2010 年，中国 GDP 超过日本，成为世界第二大经济体。2021 年，中国 GDP 约为美国 GDP 的 77%。

“奇技淫巧”

如果说日本、韩国以及中国香港特别行政区等国家和地区经济增长可以归因于西方文化的话，中国经济增长则毫无疑问是在中华伦理和文化的背景下发展起来的。中国经济能够长期快速增长，说明中华伦理和中华文化可以很好地适应并推动经济的发展。

法律配套的难题

法律要为经济建设保驾护航。但是，和光彩夺目的经济发展成绩相比，公司法的发展就显得相当平常，而且常引起巨大的争议，比如两虚一逃犯罪，比如最低注册资本的取消，比如股东清算责任。

这里有两方面的原因。

首先，公司是西方社会的产物，正如我国香港学者胡国亨所说，公司是文化的产物，公司是西方法理社会演化出来的产物，公司正好是西方制度的典范，包含着西方文化的一切优点与矛盾。[①]

公司这么一种舶来品，在中国的土壤里生根发芽，必然会产生各种不适应甚至冲突。比如，有限责任是公司制度的基础之一，在西方国家大家都接受这个规则，"愿赌服输"。但是，中国传统文化对"赖账"绝不认同，即使法律规定了有限责任的制度，我们还会有意无意地强化股东责任，比如股东清算责任，比如公司欠债，法定代表人被限制高消费。在实践中，股东的有限责任保护也相当脆弱。银行在向非国有公司发放贷款时，常要求股东、股东的配偶，甚至股东的成年子女一起承担连带责任，让有限责任制度名存实亡。

其次，在经济上，中国用40年走完了西方200年的路程。对于法律配套来说，意味着我们要在40年的时间里解决别人用200年解决的问题，挑战之高，不言而喻，经常遭受批评，也是情理之中。

---

① 参见胡国亨：《法人的统治——迈向以公司为本的经济学》，香港大学出版社1998年版，"序言"第1页。转引自彭真明、常健：《盲目照搬还是尊重国情——对当前〈公司法〉修改中几个问题的反思》，载《法商研究》2005年第4期。

中国公司法的未来

回顾公司法30年的历史，可以很清晰地看到中国公司法一直在努力适应快速发展的中国经济和社会，主要的趋势是从管制与干预转向尊重企业经营自治，增加法律的弹性和任意性，以适应经济的发展。

我们不能固步自封，但是也不能无视不同社会的特点无原则照搬。

从1993年《公司法》制定以来，我们已经发展出一些颇具中国特色的制度，比如中国特色的企业治理结构，比如公司实际控制人义务，这些看起来和西方传统公司法不太一样的制度，恰恰反映了中国社会的现实需求。而一些在西方证明有效的制度，在中国反而作用甚微，比如独立董事制度。

随着现代法律制度的引进，社会观念也在发生改变。20年前，公司破产常被解读为“名为破产，实为逃债”，形成了“破产法下无破产”的现象。随着市场化程度的提高，大家对破产的接受程度也越来越高，破产重整也成为企业走出困境，破茧重生的重要手段。

历史已经证明，中国伦理可以适应现代经济的发展，中国伦理一定也可以适应公司法的发展。

西方国家的公司法实践已经有几百年的历史，而中国公司法才刚满30岁，存在不足实属正常。假以时日，随着时间的推移，经验的累积，中国必将在公司法领域发出更强的中国声音，做出更大的中国贡献。

后　　记

2000 年 10 月，我加入广东万商律师事务所，也就是后来的万商天勤（深圳）律师事务所，师从张志律师，从律师助理开始，开始了我的律师职业生涯。

在工作中，我办理了很多涉及公司的纠纷，也接触了很多的公司管理工作，这些经历对于本书的写作起到了重要的作用。例如，从 2008 年开始，我就代理了一系列关于"对赌协议"的仲裁案件，这在当时属于非常新的领域。毫不夸张地说，没有当时的经验以及后来的反复思考，就不会有本书的第七章。又如，从 2011 年开始，我陆续担任了多家上市公司的独立董事，这让我从公司的"局外人"变为"内部人"，逐渐了解了股份公司的经营决策过程，形成了宝贵的第一手资料。

因为从事法律实务工作的缘故，我一直很想做一些法律普及方面的工作，特别是和我日常工作有着很密切联系的公司法。从 2021 年 6 月开始，我在自己的微信公众号"郭磊明说"中开始连载关于公司法的文章，当时称为"公司法盖浇饭"系列，一直连载到 2022 年 2 月，前后写了 100 多篇，这些文章最终构成了本书的初稿。

为了增加可读性，本书每一节都配有四格漫画，这些漫画目的在于增加阅读的趣味性，和正文提及特定的人物和事件无关。

在写作中，本书参考了很多学术论文和专业著作。感谢这个互联网时代和深圳图书馆的免费数字资源，让我足不出户也能接触到海量的法学专业论文。对于这些专家学者，我是仰之弥高，钻之弥坚；专业文章看得越多，自己越是惶恐。丑媳妇现在要见公婆，有任何错漏之处，自然是作者的理解和能力问题，和专家学者无关。

本书能够出版，要感谢很多给予我帮助和支持的人。

首先要感谢的是万商天勤律师事务所管委会主任张志律师和吉林大学法学院院长何志鹏教授。张志律师和何志鹏教授在繁忙的工作之余，拨冗为本书作序，使本书增色不少。

张志律师是我的指导老师，也是我从事律师职业的引路人。本书中涉及的一些案例，很多都是在张志律师的指导或建议下完成的。我后来主要从事公司、证券业务，和张志律师关于律师要走专业化道路的建议也是分不开的。

吉林大学法学院院长何志鹏教授在本书写作过程中给了我巨大的支持和鼓励。除专业建议外，他肯定了在书中增加插画的想法，并表示："现在已经是读图时代，如果书中没有了插图，价值至少会减少一半"。

除了张志律师和何志鹏教授，还要特别感谢我的研究生导师，厦门大学法学院副院长李国安教授和师母肖彬女士，以及厦门大学办公室李智勇主任，厦门大学法学院刘志云教授，吉林省社科院孙璐副研究员，深圳市汇顶科技股份有限公司董事长张帆先生，天图资本管理合伙人、首席风控官李小毅先生，青榕资产管理有限公司的执行董事杨鹏慧先生以及我多年的好友葛鲁先生。

我的助理陈欣雨女士对本书的编辑和出版做了很多工作，我的团队郑少娜合伙人、刘斌合伙人、李珊律师、王子怡律师、李烜如律师、林舒律师和李敏实习律师帮我分担了很多日常工作，感谢你们。

万商天勤律师事务所是一个温暖的大家庭，除了我工作的小伙伴，还要特别感谢李宏和徐猛两位创始合伙人，北京办公室的张晓峰、薛莲，上海办公室的窦少武、陈凯、洪小萍，成都办公室的韩冬，武汉办公室的吴良涛，西安办公室的卫永鹏，杭州办公室的唐煊，深圳办公室的陈冰梅、宋阳、赖晶晶、梁华、陈彤、杨浩军和张菁等诸位合伙人。

我在万商天勤律师事务所工作时间超过 20 年，需要感谢的人很多，以上名单只能简要列举，如有疏漏，敬请谅解。

最后要感谢我的太太郑娟女士、我的父母和两个宝贝女儿，有了你们对我的照顾和理解，才使我有足够的时间来完成本书，我爱你们。

时间匆匆而过，距离我进入大学已经有30年的时间。何志鹏教授回忆说：

> 在吉林大学求学的时光是一段紧张充实、活泼快乐、丰富多彩、缤纷百态、充满希望的闪亮的日子。在那段日子里，郭磊明同学勤奋读书，不仅研习了很多法律书，还浏览了文学、音乐、哲学等很多领域的书。正是由于我们在读书方面有着诸多相近的兴趣，我们经常会一起不着边际地高谈阔论。想来不乏指点江山、激扬文字的欢乐，也不乏如醉如痴、忘乎所以，让来往的同学觉得很惊讶的情景。据一些同学反映，我们在讨论的时候经常指天画地，摇头晃脑，想来一定如拉斐尔的《雅典学园》那样动作奇异，而且声音很大。

我的工作地点在深圳，距离母校吉林大学足足有3000多公里。可能是距离产生美的原因，让志鹏教授对我的记忆产生了偏差，所以在此，以及在序言里有了诸多的溢美之词，实在是愧不敢当。不过，有一点倒是准确无误，那就是我们当时经常指点江山、忘乎所以。

现在我已经不再是年少轻狂的年纪，但是好在勇气尚存，而且有幸见证了中国公司法从产生到发展的全过程。因此，虽然和公司法的众多专家、学者相比，我只是略懂皮毛，但我还是不揣冒昧，从一个实务界的角度，用历史的观点来解读公司法，特别是公司资本制度的产生和发展过程。

2023年12月29日，《公司法》由中华人民共和国第十四届全国人民代表大会常务委员会第七次会议修订通过。根据新修订的《公司法》，我对本书内容进行了修改和校正，以期紧跟时代步伐，全面反映最新《公司法》内容。

感谢大家拨冗阅读本书，如有错漏，敬请提出批评建议。我的邮箱为：guoleiming@ vtlaw. cn，您也可以在我的公众号“郭磊明说”留言。

谢谢大家。

郭磊明

2022年7月20日于深圳